QUANDO O AMOR VAI EMBORA

EDITORA EME

Solicite nosso catálogo completo, com mais de 350 títulos, onde você encontra as melhores opções do bom livro espírita: literatura infantojuvenil, contos, obras biográficas e de autoajuda, mensagens espirituais, romances palpitantes, estudos doutrinários, obras básicas de Allan Kardec, e mais os esclarecedores cursos e estudos para aplicação no centro espírita – iniciação, mediunidade, reuniões mediúnicas, oratória, desobsessão, fluidos e passes.

E caso não encontre os nossos livros na livraria de sua preferência, solicite o endereço de nosso distribuidor mais próximo de você.

Edição e distribuição

EDITORA EME
Caixa Postal 1820 – CEP 13360-000 – Capivari – SP
Telefones: (19) 3491-7000 | 3491-5449
Vivo (19) 99983-2575 | Claro (19) 99317-2800
vendas@editoraeme.com.br – www.editoraeme.com.br

Rubens Toledo

Quando o amor vai embora

Capivari-SP
- 2019 -

A Editora EME mantém o Centro Espírita "Mensagem de Esperança" e patrocina, junto com outras empresas, instituições de atendimento social de Capivari-SP.

1ª reimpressão - julho/2019 - de 3.001 a 10.000 exemplares

CAPA | André Stenico
PROJETO GRÁFICO E DIAGRAMAÇÃO | Editora EME
REVISÃO | Sonia Rodrigues Cervantes

Ficha catalográfica

Toledo, Rubens, 1955
Quando o amor vai embora / Rubens Toledo - 1ª reimp. jul. 2019 - Capivari, SP: Editora EME.
176 p.

1ª ed. mar. 2018
ISBN 978-85-9544-052-4

1. Romance espírita. 2. Lei de ação e reação.
3.Reprodução assistida. I. TÍTULO.

CDD 133.9

SUMÁRIO

EXPLICAÇÃO NECESSÁRIA

Esta não é uma obra mediúnica. No entanto, os espíritos têm participação direta no resultado deste livro, porquanto muitos aspectos da trama aqui narrada escapavam ao meu conhecimento e campo de pesquisa.

Assim é que, a cada manhã, despertava sob forte impressão do que havia sonhado. Nomes, cenas e mesmo algumas figuras me povoavam a mente ao longo do dia. Vinha-me, então, o desejo de escrever. E quando os dedos pousavam sobre o teclado, os diálogos surgiam aos borbotões diante da minha tela mental, como se estivesse vendo um filme na TV.

Espírita que sou, questionava a mim mesmo de onde

vinham tais ideias. Estaria eu projetando, numa obra de ficção, as próprias experiências de vida?

Seria esse o processo de criação dos roteiristas de cinema ou dos autores de telenovelas?

Estava eu nesse embate sem fim, quando escrevi, então, estas linhas finais, tentando ser o mais honesto possível com você, leitor. Pedi a opinião de uma amiga, leitora contumaz e muito sincera nas suas críticas. Mas os amigos costumam ser generosos demais e nos poupam de ouvir certas verdades...

A psicóloga e escritora Francislene Magda da Silva fez o seguinte comentário: "Temos neste romance aspectos importantes da doutrina espírita, como, por exemplo, a sutileza das influências espirituais. Ao mesmo tempo, revela a presença amorosa dos benfeitores espirituais, inspirando-nos para o caminho do bem, da virtude e do perdão, tal qual nos foi ensinado pelo mestre Jesus. *Quando o amor vai embora* é uma contribuição significativa na divulgação dos princípios espíritas de muito proveito para os leitores".

E isso, para nós, será o bastante para nos deixar satisfeitos.

O autor

I

ACIDENTE NA RODOVIA

O CHEIRO DO ÁLCOOL ingerido parece extravasar pelos poros. Não está propriamente bêbada. Consegue enxergar as placas de sinalização, bem como a luz piscando no painel – "travar cinto de segurança". Mas o alerta é ignorado.

Na descida, o carro quase volita sobre o asfalto e retoma a subida ainda acima dos 160 quilômetros por hora. No celular, a última mensagem digitada: "Devo chegar na manhã de segunda-feira. Beijos!"

Como um bólido o Honda cinza voa por cima do *guard-rail*. O ruído do motor e do impacto na queda sobre a relva chama a atenção do carro que vem em sentido contrário.

– Deus do céu! O carro despencou! – exclama Valéria, que viaja no banco do passageiro.

Júlio, o condutor, vai para o acostamento.

– Ligue para a Polícia! Chame o Resgate... – pede o esposo. E, num ímpeto, corre para o outro lado da pista.

O automóvel capotara algumas vezes até parar na parte mais funda da ribanceira camuflado pela relva. Não fosse testemunha ocular, Júlio dificilmente poderia afirmar que havia um carro caído ali. As autoridades talvez demorassem tempo para localizar o veículo.

– Jesus! – exclama o senhor de sessenta e poucos anos. – É preciso tirar as pessoas do carro, antes que...

Aproxima-se, com dificuldade, do veículo sinistrado. Por sorte, não ocorrera explosão, mas há cheiro de gasolina. Apoia-se nas pedras e observa a fumaça subindo do capô. Pelo para-brisas avariado, nota a condutora ainda à frente do volante. Tenta uma das portas, mas está travada. Força o vidro lateral e consegue, por fim, abrir uma brecha na lataria retorcida. Toca o ombro da vítima...

– Pode me ouvir? Vamos tirar você daí. Fique calma...

Ao ver o esforço do homem em salvá-la, Larissa sente vergonha de si mesma. Como pudera agir de forma tão irresponsável?

– Apoie-se em mim. Força...

Ao tentar se mover, Larissa sente o peso da mala de viagem que viera parar sobre seu colo. Talvez tivesse funcionado como proteção, impedindo que sofresse ferimentos mais graves. Sente dores nas costelas e na altura da nuca. Os movimentos, felizmente, estão preservados.

Cerca de 25 minutos depois, Larissa recebe os primeiros socorros ainda no asfalto, enquanto Júlio dá informações ao policial. Se fosse preciso, iria à Delegacia para prestar mais esclarecimentos. A vítima, consciente, ajuda a identificar os pertences retirados do interior do carro, incluindo o celular que ainda continuava plugado ao carregador. Os paramédicos se aproximam com a maca e levam-na para a ambulância.

Júlio e Valéria, mais calmos, refletem sobre o acontecido.

- Pobre mulher! Apesar da gravidade do acidente, não parecia nem um pouco assustada. Apenas chorava, como se estivesse arrependida. Você me entende?

- Por que se arriscaria assim, trafegando em alta velocidade? Teria sido uma tentativa de suicídio? - retornou Valéria. - A família foi avisada?

- Ela mesma falou com a mãe, ao celular.

- Graças a Deus!

Coração sensível, Valéria colocara-se no lugar da mãe e dos filhos numa hora dessas.

- Júlio! Não podemos continuar a viagem sem saber o desfecho dos acontecimentos.

De volta à pista, Júlio segue rumo ao Pronto-Socorro do Hospital Municipal, para onde a vítima foi levada. No quilômetro 101 da Rodovia SP-340 o tráfego continua lento, com muitos curiosos observando o resgate do veículo por um caminhão munck, numa operação difícil e demorada.

Momentos depois, na sala de emergências do hospital, Júlio vem tranquilizar a esposa.

- Ela ficará em observação. Sua bagagem e alguns objetos que se encontravam no automóvel continuam à disposição dos familiares. A filha e uma irmã estão vindo para cá.

Do outro lado da Vida, num "cemitério" de automóveis atrás do Posto Rodoviário, figuras sombrias escarnecem da tragédia, meio desapontadas:

- A infeliz parece ter sorte ou é protegida por algum santo - lamentou o chefe do grupo, numa espécie de assembleia com outros espíritos desequilibrados.

O cenário era bem ao gosto daquelas criaturas. O pátio funcionava como depósito para veículos sinistrados. Vítimas de acidentes rodoviários, quais zumbis do asfalto, eram comumente atraídas para o local. Algumas delas insistiam em permanecer junto dos destroços, revivendo os momentos extremos, como se ainda aguardassem socorro.

Trajando um capote que lhe cobria até a cabeça, Capa arrostava sua fúria.

- Não fosse aquele intruso, ela já estaria aqui deste lado.

- Se os santos a protegem, por que não me protegeram também, quando fui traído e atirado ao manicômio? - resmungou Gildo, insatisfeito.

- Precisamos ficar atentos com o casal - advertiu Daniel, o motoqueiro, ainda usando luvas e capacete. - Eles estão enfiando minhocas na sua cabeça, com aquele discurso piedoso que já escutamos por aí.

- Pura hipocrisia! Na hora de prestar contas dos próprios atos, buscam refúgio nas religiões. Vão à Igreja, ao templo... Procuram até pai de santo! Pois agora ela vai ver que ninguém fica impune. Justiça! - retrucou o líder, enraivecido.

Capa, como ficara conhecido, não tinha contas a acertar com Larissa, pelo menos que tivesse conhecimento. Mas, se era para vingar um dos seus, faria tudo o que estivesse ao limite das suas forças e inteligência. De outras vezes, por razões que desconhecia, mão superior impedia-o de concretizar alguns dos seus projetos nefandos.

Aprendera também que era possível agir sobre suas vítimas quando estas, liberadas do corpo durante o sono, entravam em contato com o mundo dos espíritos. Mais do que isso, modificava a própria aparência, à sua vontade, imprimindo a si mesmo formas animalescas, quando era seu desejo assustar, subjugar e manipular as criaturas que caíam nas suas armadilhas. Por isso mesmo, seus liderados o respeitavam e lhe seguiam as ordens quase cegamente.

Com Larissa, também vinha fazendo o mesmo, a ponto de a pobre mulher estar já sofrendo de insônia, tamanho o medo que a envolvia ao deitar-se. Aproveitava as brechas emocionais da vítima, resultantes de fracassos em existências anteriores e os quadros de culpa que lhe pesavam na consciência.

Como se sentisse culpada, oferecia os meios para a aproximação de seus algozes, ávidos de vingança. Esse sentimento era como um convite mental ao plano espiritual inferior, de onde antigos desafetos só precisavam de um simples vacilo da sua parte para se insinuarem no controle da sua vontade[1].

---

1 O quadro obsessivo já estava próximo de uma subjugação, na classificação dada pelo codificador Allan Kardec. Mas seria erro afirmar que o obsidiado esteja totalmente à mercê dos espíritos obsessores. Eles nos visitam na medida em que lhes oferecemos abertura para isso. A chave da casa mental será sempre nossa. Sem nossa permissão, o obsessor não tem qualquer chance de penetrá-la. Se o fizer, é porque o permitimos.

Não apenas através do sono. Nos últimos dias, vinha sendo tomada por sensações estranhas, que a faziam lembrar outras fases ruins ainda na adolescência. As mãos esfriavam, ao passo que começava a transpirar intensamente. O coração disparava. Nas duas vezes que passara pelo cardiologista, nada fora detectado de anormal. Nem um prolapso ou coisa parecida. Os exames clínicos não acusavam qualquer alteração. Tanto que fora recomendada ao psiquiatra, que lhe receitou calmantes, alguns de uso controlado.

Naquela noite, recolheu-se cedo ao leito. O companheiro notou a agitação que a envolvia. Tão logo adormeceu, por efeito da medicação, viu-se à frente de um dos seus perseguidores. Este, com sorriso debochado, falou, zombeteiro:

- Escapou por pouco! Não fosse a interferência dos "anjinhos", já estaria recebendo o que merece...

Larissa despertou, imaginando ter ouvido barulho na casa. Foi até a cozinha.

- Às vezes sinto que alguém me espreita - pensou consigo mesma.

Marcos veio saber o que se passava:

- Pesadelo?

- Não estou me sentindo bem... - foi tudo o que conseguiu dizer.

Quem poderia acreditar se dissesse que vira uma assombração? Continuou virando-se, no leito. Ligou a televisão, a fim de espairecer a mente... O dia já estava clareando quando, por fim, conseguiu dormir.

II

AUXÍLIO TERAPÊUTICO

DO OUTRO LADO DA Vida, entidades dedicadas a proteger, inspirar e conduzir aqueles que se encontram no campo de lutas terrenas analisam o quadro de dificuldades de Larissa. Ela aguarda uma entrevista com o doutor Fábio Penteado, neurologista e psiquiatra conceituado.

Invisíveis aos encarnados, os benfeitores acompanham o caso.

- Aos poucos, seus adversários conseguiram minar suas resistências morais. Nossa irmã já admite que esteja mesmo enlouquecendo. Nesse estado, pode desistir da vida a qualquer momento - assinala Vicente, um dos espíritos empenhados na reabilitação de Larissa.

- Entretanto, em nenhum momento pensou em morrer. Talvez alimente a ideia de forma inconsciente - ponderou Otávio, outro membro da equipe socorrista.

- Na verdade, já cometeu suicídio antes. E o ato continua registrado nos refolhos da sua alma. No modo como age, há uma intenção subliminar, como se fosse repetir o gesto infeliz do passado. No entanto, só Deus pode devassar o que vai na intimidade dos nossos pensamentos.

Enquanto isso, a jovem senhora ensaia mentalmente as palavras que irá dizer ao médico, quando ouve:

- Larissa Albuquerque Cintra! Por favor... - diz a secretária, indicando-lhe a porta ao final do corredor.

Larissa recompõe-se e dirige-se à sala.

- Pode sentar-se... - diz o médico, simpático, apontando uma das poltronas.

A luz tênue do abajur, projetada sobre as paredes em tons claros, transmitia agradável sensação de paz e tranquilidade. Experiente, o psiquiatra e neurologista inicia a conversação, procurando deixar sua paciente à vontade.

- Esposa, mãe de três filhos, dona de casa... Não bastasse tudo isso, ainda é executiva da área financeira. Às vezes, é preciso respirar... Dar uma trégua, não é mesmo, Larissa?

Embaraçada, a paciente começou a narrar os sintomas que vinham se repetindo e mesmo a dificuldade com o sono. Não estava disposta a contar a sua vida íntima a ninguém, mas o médico saberia driblar essa dificuldade. Enquanto via os exames de ressonância magnética, o médico pergunta-lhe sobre a família, a rotina no lar e também sobre sequelas do acidente.

- Só não morri por Deus... Saí quase ilesa, com uma luxação no pescoço - falou, sem dar mais detalhes.

Diante do silêncio do psiquiatra, continuou:

- Doutor... Eu já passei por vários médicos. Passei por dois cardiologistas e um clínico geral. Um deles diagnosticou apenas stress passageiro. Outro qualificou os sintomas como de ordem psicossomática. Uma amiga minha, psicóloga, suspeita que esteja com síndrome de pânico...

- Como tem dormido? - perguntou o médico, buscando mergulhar mais fundo no psiquismo da paciente.

- Mal... Às vezes acordo no meio da noite com pesadelos horríveis. Durante o dia, em casa ou no trabalho, mesmo quando estou dirigindo, sou tomada por sensações estranhas... Eu sinto que fiquei diferente. Não posso explicar. Então as mãos esfriam. O coração dispara... Da última vez, cheguei a pensar que estava sendo vítima de um infarto.

O médico, dos seus cinquenta e poucos anos, interrompeu a anamnese para auscultar os batimentos cardíacos da paciente, que não mostraram qualquer alteração. Examinou as pupilas e, então, levantando-se, convidou a paciente a acompanhá-lo até a sala contígua.

Ali, um grande aquário adornava a sala, com peixes de todos os tamanhos e nas cores mais exuberantes. Mostrou alguns objetos na estante. Os quadros, à direita, chamaram atenção de Larissa.

- Gosto dos impressionistas...

- Este é Monet. Aquele, Renoir... - apontou o médico. - São pinturas mediúnicas.

- Como assim? - quis saber Larissa, vivamente interessada.

- Esses mestres da pintura voltaram a pintar. Eu arrematei as obras numa mostra de arte, beneficente.

Larissa sabia que doutor Fábio era reconhecido nos meios acadêmicos e também por seu trabalho no Instituto de Pesquisas Palingenéticas, fundado por ele. Mas não estava disposta a fazer hipnose ou qualquer outra terapia alternativa. Queria mesmo um remédio que a livrasse daqueles sintomas e a fizesse voltar logo à vida normal.

– Então, doutor... Não vai me receitar um remédio?

– Não. Estou avaliando o que vem tomando.

– Mas e a síndrome? Esses calafrios e pesadelos? Não acha que estou com alguma coisa ruim? Há muita gente invejosa no Banco...

O médico sorriu.

– Qual a sua religião?

– Católica... Na verdade não sou religiosa. Meus pais frequentam um centro espírita. Tenho uma irmã que também vai a cultos...

– Não seria hora de escolher uma religião? Você é mãe de três filhos. Que valores tem transmitido a eles?

– Eu sempre ensinei coisas boas. Eles são ótimos filhos. Nenhum deles tem vícios. Quero dizer.... Vícios em drogas. Todos estão estudando e trabalhando. Tudo que peço é que sejam corretos, honestos... Valores que meus pais me ensinaram, passo também a eles.

– Você tem feito preces?

– Na Igreja? Não... Só em casa. Antes de dormir.

– Pois então passe a orar mais. Procure encontrar-se com Deus, seguir uma religião. Isso vai te fazer bem.

– Não vai me receitar um remédio?

O médico puxou o receituário, prescreveu uma medicação e tornou dizendo:

– Este calmante vai te fazer dormir melhor. Mas os

sintomas só vão cessar se mudar os pensamentos. O modo de ver a vida...

- Calmante?

- Você é uma mulher bonita. E pelo que vejo é também vaidosa. Se dedicar à alma um pouco do que dedica ao corpo, vai ficar bem.

Larissa sentiu-se ofendida. Mas manteve silêncio. O médico então continuou:

- *Mens sana in corpore sano*... Um filósofo grego ensinava que a mente sã faz o corpo são. Como vê, mente sã em corpo são, nesta ordem. Para se estar bem no corpo, é preciso estar em paz. É saudável cuidar do corpo; mais saudável ainda é cuidar da alma.

O médico conseguira mexer com Larissa. De fato, não fossem casamentos e outras cerimônias religiosas, não se lembrava da última vez que entrara numa igreja. Não era de assistir a cultos. Os pais já a haviam convidado, por várias vezes, para as palestras no centro espírita. Mas não se sentia disposta a acompanhá-los.

- Respeito todo mundo e procuro agir direito. Mas que ninguém pise no meu calo...

O psiquiatra sorriu. Pegou uma cesta com pequenos canudinhos de papel e pediu que a paciente tirasse um. Caminhou de volta à sala de consulta:

- Voltamos a conversar em trinta dias. Tem o meu celular, caso precisar - falou, enquanto abria a porta. A assistente conduziu a paciente até o elevador.

Larissa se foi, e o médico então voltou à mesa, pensativo:

- O que é a doença senão a ausência do amor em

nossos atos? Temos aqui um quadro típico de obsessão pertinaz, com todos os seus ingredientes. Falarei com os amigos do Vinha de Luz. É um caso para ser acompanhado com muita atenção...

III

VINHA DE LUZ

DO MUNDO ESPIRITUAL, VICENTE, que havia acompanhado o retorno de Larissa à nova existência física, procurava auxiliá-la com a emissão de fluidos e intuições, despertando-lhe ideias novas e o interesse por causas nobres. Sua assistida registrava as intuições, mas não mantinha sintonia duradoura. Aqueles pensamentos lhe vinham de forma fugaz e logo eram esquecidos no turbilhão da mente em desalinho.

Suas emoções eram um torvelinho de angústias, o que dificultava a ação dos benfeitores espirituais. Estava meio deprimida, mas bastava um comprimido para tirá-la daquele estado. Aquilo já começava a criar nela uma dependência química.

Larissa retornou ao lar, em companhia da filha Sirlene. Não queria que alarmasse os demais. Desfez o pequeno laço e abriu o rolinho de papel, que guardava curta mensagem:

A Terra não é exílio. Nem é mundo inferior. Pensa na perfeição da vida que nos cerca; o sereno esplendor de cada amanhecer; o ouro da luz solar e a prata das estrelas. As plantas generosas e as fontes de água pura. Se algum erro aparece, devemos isso a nós. **Emmanuel**/*F.C. Xavier*.

Falou com a mãe. E esta não perdeu tempo. Sabia que o doutor Fábio ia recomendar algo assim.

- Nesta quarta, vamos juntas ao centro. Quero que conheça nossos amigos Júlio e Valéria.

- Quem? Não sabe que foram eles que me socorreram no acidente?

- Eles são nossos amigos! Valéria é médium dedicadíssima. Júlio é um dos dirigentes do centro. Ah, minha filha! Veja... Não por acaso essas pessoas estão em nosso caminho.

Embora não conhecesse a fundo, Larissa simpatizava-se com a doutrina de Allan Kardec. Do pouco que ouvira dos pais, encontrara resposta para muitas das suas perguntas. Mas isso ainda não era o bastante para tirá-la daquele estado depressivo.[2]

Do outro lado da Vida, Vicente, Otávio e demais membros da equipe socorrista da Colônia Simeão[3] estavam agora mais confiantes nos progressos de Larissa. Mas isso não significaria o fim das tribulações. Mas o começo.

---

2 Para a cência oficial, materialista, a depressão está relacionada a uma deficiência de hormônios cerebrais (dopamina, serotonina). À luz do espiritismo, a deficiência hormonal não é a causa, mas um efeito.

3 Como já anunciara Jesus: "Há muitas moradas na casa de meu Pai". Isto é, além dos mundos da vastidão cósmica, o Universo inclui os mundos da erraticidade, transitórios, como o descrito por André Luiz em *Nosso Lar*, obra psicografada por F. C. Xavier.

– Esta noite, quando entrar em outra faixa vibratória, diferente da que se encontra, poderemos agir sobre o seu psiquismo e prepará-la para o sono – ponderou Vicente. – Contaremos com os irmãos do Vinha de Luz!

No início da noite, o núcleo espírita já tinha um pequeno número de pessoas à porta da câmara de passes. Em outro recinto, ao som de música suave, quatro pessoas também aguardavam. O orientador veio ao encontro delas e entregou-lhes mensagens avulsas, com lições de conforto e encorajamento espiritual. Momentos depois, Larissa era recebida na entrevista de praxe.

Invisíveis aos encarnados, Vicente e Otávio atuavam diretamente no campo psíquico da entrevistadora, que registrava as instruções dos benfeitores.

– Sua mãe falou a seu respeito. Que bom que você veio...

– Os médicos diagnosticaram síndrome do pânico. Mas o doutor Fábio parece seguir noutra direção...

– Aos médicos cabe a cura do corpo. Aqui, porém, procuramos tratar os males da alma.

– Ele me passou apenas um calmante. Os psicotrópicos, pediu para parar com todos. Eu confesso até que estou melhor, mas ainda durmo mal. Quando consigo adormecer, tenho pesadelos. Figuras horríveis aparecem à minha frente... É horrível. Não desejo isso para ninguém!

Ali estava a brecha para a intercessão dos benfeitores espirituais, que estreitaram sintonia, pelas ondas do pensamento, com a entrevistadora.

– Pois, então, procure orar antes de dormir. Não me refiro à prece automática, que fazemos apenas pelos lábios, mas à prece feita com o coração. Peça ajuda a Deus, aos bons espíritos, a fim de que, ao desprender-se do corpo físico, durante o sono, possa ser amparada por eles... Você já tem este livro? - falou Valéria, apontando-lhe, sobre a mesa, um exemplar de *O Evangelho segundo o Espiritismo*.

- Sim... O senhor Júlio já me presenteou com um destes. Aliás, quero agradecer pelo que fizeram por mim naquele dia.

As lágrimas brotaram nos olhos de Larissa, e a voz embargou por completo. Buscava o lenço na bolsa, quando Valéria lhe falou:

- Eu sei, minha filha. Agradeça a Deus... Com certeza, a Providência Divina intercedeu em seu favor. Agora, precisamos dobrar a vigilância, para não cair de novo nessas armadilhas.

- Como assim? Tem alguma coisa ruim comigo? Eu sinto que às vezes fico estranha...

- Por ora, só posso te pedir que pense só no Bem e mantenha as mãos ocupadas. Dedique-se ao trabalho, mas também a toda ocupação útil em favor de alguém... Você entende? Vamos aplicar-lhe um passe e em seguida vá para o salão principal. Quando chegar o tempo certo, poderá participar do nosso grupo de estudos.

Valéria já ia se levantando, mas Larissa decidiu falar ainda:

- Minha vida afetiva é um fracasso! Só Deus sabe o que eu devo ter feito para sofrer assim!

A boa senhora olhou-a com ternura, o que lhe permitiu desabafar.

– Desde o meu primeiro relacionamento sério, só tenho colecionado desilusões. Minhas irmãs são casadas e felizes. Eu não. Talvez seja praga de alguém, porque desfiz o noivado há uma semana do casamento. Devolvi as alianças ao meu noivo e fui morar com meu atual companheiro, pai de meus três filhos... Quero dizer, dois. Breno, o mais velho, é filho de meu falecido noivo. Eu mantive segredo sobre isso até que ele completasse os 12 anos. Felizmente, a reação de Marcos foi surpreendente. Ele tem sido um bom pai para Breno.

– Os laços espirituais prevalecem sobre os laços da consanguinidade – atalhou Valéria.

– Isso é verdade. Porque Breno sempre foi paparicado pelos avós paternos, que o tinham por neto, bem como pelo tio Floriano e tia Elza, que o tinham como o primeiro sobrinho. Sirlene e Thiago, por sua vez, aceitaram sem problemas a notícia de que eram irmãos apenas por parte de mãe. Foi o próprio Breno quem revelou esse segredo a eles, quando foram juntos ao McDonald's. Eu tenho três lindos filhos. Eu é que não consigo ser feliz!

– A felicidade ainda não é deste mundo. Gozamos felicidade relativa, porquanto habitamos um planeta de provas e expiações... A Terra é uma escola na qual ninguém passa de ano se não estiver apto para avançar para o grau seguinte. Estou falando do crescimento moral, no campo das virtudes.

A mulher soluçou. Era de fato infeliz, talvez por sua própria culpa, mas era infeliz. Estava sofrendo uma desilusão amorosa, mas não era portadora da depressão. Tinha transgredido as leis divinas, mas não podia lembrar-se de vidas passadas. O que lhe pesava mais forte na consciência era a morte do noivo, que, após o rompimento, dirigira a motocicleta de forma imprudente, vindo se chocar violentamente contra um canteiro na via pública.

Valéria apenas ouvia. Amparou a interlocutora sem permitir que a entrevista se convertesse num longo confessionário. Ergueu-a, gentilmente, e com um sorriso falou:

— Vá à câmara de passes. Depois nos veremos no salão. Confie em Deus... Não se esqueça de ler o Evangelho, ao menos uma página, todas as noites.

Como sempre, a batalha entre bem e mal, luz e sombra, fazia-se presente na pessoa de Larissa, com as suas angústias e planos extremamente perigosos para a alma desesperada. No salão, Júlio expunha a lição da noite, de forma inspirada, discorrendo sobre a lei de justiça, amor e caridade.

- Aprendamos a perdoar, para que sejamos também perdoados. Por resistir ao alvitre do Mestre, que pede para perdoar até setenta vezes sete, permanecemos atrelados, algoz e vítima, algemados um ao outro por seguidas reencarnações (...). Por recusar o amável convite, somos levados hoje ao juiz, no tribunal da consciência, para quitar o débito contraído. E como assinalou o meigo rabi: - Dali não saireis até que tenhais pago o último ceitil.

IV

COISAS DO CORAÇÃO

ALGUMAS SEMANAS SE PASSARAM. A vida parecia ter voltado ao normal na casa de Larissa. Naqueles dias, agasalhara a ideia de assumir o estado civil de solteira. Afinal, não era casada, apesar dos vinte e cinco anos ao lado de Marcos. Não pediria divórcio, mas comunicaria a separação. Reconhecia que aquela união havia sido um erro. Quando decidira deixar a casa, ainda menina, o pai já a havia prevenido de que o companheiro não era talhado para o casamento. Amante da vida noturna, da boemia, Marcos tinha quase três vezes a idade de Larissa, que apenas iniciava a vida profissional como estagiária no Banco Econômico.

Por rebeldia, e talvez iludida com a possibilidade de uma vida de luxo e riqueza, rompera com o noivo às vésperas do casamento indo viver com o cliente galanteador que ia quase diariamente à agência bancária para fazer aplicações financeiras. Na semana que antecedeu o casamento, deixou à mãe a missão de consolar o noivo. E os pais dele, compreensivos, não exigiram qualquer indenização pelas despesas arcadas com salão de festas, bufê, igreja e outros preparativos, incluindo a reforma e pintura na casa em que deveriam morar.

O que Larissa ainda não tivera a coragem de confessar, nem mesmo para Valéria, eram os fatos mais recentes, que a tinham levado a jogar o veículo numa ribanceira, dirigindo em alta velocidade. Tinha rompido o relacionamento com seu amante em Goiânia. Por isso, estava amargurada e infeliz. Queria agora também acabar com aquela farsa de uma vida conjugal que já não existia. Não suportava mais chegar do trabalho e ver Marcos afundado no sofá ou diante do computador, acompanhando o mercado de ações, sem que ela pudesse satisfazer os anseios de mulher. Quanto mais o via, mais o odiava. Não bastando os sentimentos hostis, a última discussão entre eles quase chegara às vias de fato. Não fosse a presença de Breno, o conflito poderia ter tido consequências mais graves.

Larissa já tinha retornado ao psiquiatra, que apenas lhe renovara a receita. Nessa segunda visita, relatou os sonhos mais recentes. O analista acompanhou-a num exercício de autoconhecimento, a fim de que descobrisse o quanto era feliz. Tentou mostrar-lhe que a felicidade se encontrava nas coisas mais simples, coisas que nossos olhos desaprenderam a ver. Ensinou-lhe a enfrentar os próprios medos e fraquezas, sem perder a coragem e a confiança em Deus. Que não se descuidasse dos filhos, porque eles precisavam muito do seu amor. Ademais, recomendou os passes no Vinha de Luz. E que não desse brechas a pensamentos pessimistas.

Larissa imaginou que estivesse perdendo muito tempo naquela terapia. Sem ser deselegante, levantou-se preparando para sair. Era como se uma voz lhe falasse aos ouvidos: "Por que deixa que esse estranho te encha a cabeça de minhocas? Você se expõe muito contando seus problemas aos outros".[4]

Despediu-se meio enfastiada daquelas conversas. Se as sessões fossem sempre assim, que aquela fosse a última. "Quem pode ser tão certinha e disciplinada desse jeito?" - perguntou a si mesma. "Como posso ter uma vida honesta sem um esposo que me dê atenção e carinho?"

Ao mesmo tempo, o sentimento de gratidão por Valéria e Júlio falava alto. "Eles merecem uma satisfação minha. Nesta quarta-feira, voltarei ao centro. Até porque me senti muito bem ali. Aquele passe foi um bálsamo. Parece até que tiraram uma tonelada das minhas costas."

Na quarta-feira, Larissa quase se esquecera do compromisso. Um cliente muito grosseiro havia provocado

---

4 A expressão "ouvir vozes dentro da cabeça", na verdade, não tem qualquer respaldo. Na verdade, a voz soa na acústica da alma, que registra o pensamento recebido de outro espírito. Em 12 de janeiro de 2018, as câmeras do Metrô de São Paulo flagraram o momento em que uma jovem foi empurrada para os trilhos justamente no momento em que o trem chegava à estação. O maquinista freou mas não evitou que quatro composições avançassem sobre a vítima. Esta, no entanto, foi resgatada sã e salva. O agressor foi preso na própria estação, mostrando sinais de que era portador de algum tipo de transtorno mental. Confessou na Delegacia que naquele momento ouvia vozes "dentro da cabeça" mandando fazer o que fez.

uma confusão na agência. Por causa dele, o expediente se estendera até as 20 horas. Saiu do banco, nervosa, e resmungando com o superintendente. Porém, mesmo com todos os contratempos, lá estava ela presente em mais uma sessão pública do Vinha de Luz, mais interessada no passe e na entrevista e menos na exposição evangélica.

As senhas já haviam sido entregues e as entrevistas, encerradas. Os retardatários deveriam dirigir-se ao salão. Larissa não escondeu a frustração e quis burlar o processo, chamando por Valéria. A nobre senhora veio ao seu encontro e, com um simples olhar, controlou a situação embaraçosa. Larissa acompanhou-a até a sala de entrevistas.

- Desculpe, Valéria. Mas hoje não deu tempo. Uma correria... Um cliente quase me deixou louca. Mas não é só isso. Eu quero muito dizer à senhora que aqueles sintomas continuam. Eu tenho tido umas sensações horríveis. Às vezes vejo uns quadros estranhos.

- Você tem lido o Evangelho?

- Sim... Mas é justamente nessa hora que eu fico meio estranha. E também com medo...

- Medo?

- De adormecer e reencontrar aquele homem encapuzado...

- As trevas não podem com a luz. Peça ajuda e proteção do Altíssimo. E o seu anjo guardião virá ao seu socorro. Todos temos um espírito amigo que se interessa por nós.

- Não sei, minha senhora. Acho que ninguém se interessa por mim. Nem aqui, nem no outro mundo. Eu preciso lhe contar...

– Abra o coração, minha filha – falou a nobre senhora, guardando silêncio, enquanto Larissa iniciava sua confissão.

– Já contei sobre minha família. Mas omiti sobre minha vida amorosa. Talvez por isso estivesse tão desorientada naquela manhã, quando dirigia do Aeroporto para casa em alta velocidade, sem cinto de segurança. Acho que, de forma inconsciente, esperava mesmo que o carro se desgovernasse, principalmente naquele trecho que pede cautela e redução da velocidade. Eu havia acabado de romper meu romance com um homem casado. Nós dois estávamos em fuga, faltando com a verdade. As mentiras, as desculpas para justificar os fins de semana fora de casa... Tudo isso havia passado dos limites. Estava cansada dessa vida de aparências.

– Entendo... E ele decidiu manter-se fiel à esposa.

– Sim... Como fazem os covardes. E eu continuaria sendo a outra... Fiquei desiludida e, confesso, tive vontade de morrer. Agora, quero terminar também com este casamento que só me trouxe infelicidade.

– Não faça isso. A relação conjugal poderá converter-se numa amizade. Há sempre algo a preservar de uma relação de 25 anos... Alguma coisa boa deve permanecer. O companheirismo...

– Não posso... Quando ele me toca, sinto verdadeiro asco. Não vejo chance de reconciliação. Quero ser livre outra vez. Espero ainda poder me casar, de papel passado...

Em sintonia com as entidades do plano invisível, Valéria registrava as instruções dos mentores espirituais.

– Devo insistir para que volte ao salão, ouça a preleção evangélica. Na semana que vem, conversaremos mais.

Júlio fazia judiciosas considerações acerca dos estados de emancipação da alma, reproduzindo algumas das questões de *O Livro dos Espíritos*, de Allan Kardec.

– Nossa atividade espiritual, durante o sono físico, é intensa. Quando os corpos materiais cansados pelas tarefas diurnas se dirigem para o justo repouso no leito, libertam os espíritos que passam a caminhar pelas estradas espirituais que escolheram durante o estado de vigília. Da mesma forma que os boêmios transitam pelas horas tardias da noite, os espíritos desenvolvem atividades as mais diversas nesse horário. Assim é que, muitos se reúnem para continuar a abençoada tarefa no campo do bem e do aprendizado. Muitos outros, entretanto, reúnem-se para dar prosseguimento às tragédias que ensaiam durante o dia. Ou seja, estaremos à noite em companhia daqueles espíritos, encarnados ou desencarnados, que convidamos durante o nosso dia de acordo com aquilo que permitimos alimentar na profundidade de nossa alma.

Larissa parecia estar vendo um filme de ficção no melhor estilo hollywoodiano. Envolvida nos planos infelizes que arquitetava, atraía a companhia de espíritos inferiores desejosos de vê-la consumar o suicídio ou arruinar a sua vida, fazendo-a colecionar dissabores e decepções. Imaginou que aquilo pudesse ser uma praga do noivo. E não estava de todo errada, porque, ele de fato continuava bem vivo, à espreita, esperando o momento da vingança.

Entrou em contato, psiquicamente, com espíritos amigos, talvez por evocação de Vicente, e foi para casa disposta a ler um pouco o livro do pensador francês. Deixou-o sobre a cabeceira da cama. "Aos poucos, estou montando uma biblioteca espírita! Talvez maior que a dos meus pais...", pensou ela, rindo

Banhou-se, sem pressa, e foi para a cama, na segunda suíte do apartamento, que lhe permitia, da sacada, ter uma bela visão das estrelas. Desta vez, Capa e seus sequazes não puderam ter acesso às comportas psíquicas da sua vítima, isolados por campo vibratório diferente. Da mesma forma, não podiam perceber a presença de Vicente, o benfeitor espiritual, bem como a de seus auxiliares.

- O que está acontecendo? - exclamou o representante do desequilíbrio.

- Eles a levaram de nós! - falou Daniel, sem entender o mecanismo daquela operação.

- Mas não será por muito tempo. Vamos aguardar a sua volta - rebateu o líder do grupo.

V

CUIDADO COM O QUE PENSA

AO DESPERTAR, LARISSA NÃO sabia explicar a sensação agradável que lhe invadia a alma. Regou as plantas, instruiu a moça da faxina sobre as tarefas do dia e seguiu para o trabalho. Agora podia reorganizar a própria vida em outras bases. Mas ainda não aceitava a ideia de continuar, ali, submetida àquele regime cruel, no qual só ela trabalhava, enquanto o companheiro envelhecia dentro de casa. No trabalho, observava as amigas comentando sobre as recentes aventuras amorosas, dos passeios e baladas. Ela não tinha nada para contar, exceto as festas de aniversário em família. "Elas vivem. Enquanto eu vegeto", pensava consigo mesma.

De repente, mexendo as coisas da bolsa, localizou um cartão: Dr. Alexandre Passos Figueiredo - Professor Titular em Ciências Jurídicas. Logo lhe veio à mente o flerte que mantivera com distinto cavalheiro no salão de embarque do Aeroporto de Goiânia. Até então não havia levado aquilo muito a sério. Porém, agora, a ideia de um encontro vinha bem a calhar. Lembrou-se das últimas palavras dele antes de embarcar em outro voo, para Manaus. "Eu estou livre às segundas-feiras. E nos fins de semana também... Me ligue".

- Um amor que vai, um amor que vem. Para curar uma desilusão, nada como uma nova paixão... - pensou Larissa, sem vigiar os pensamentos.

Do outro lado, Capa e seus liderados comemoravam. Mais uma vez assumiam o controle das vontades de Larissa, ainda que parcial, qual um ladrão que entra na casa alheia e toma as chaves de acesso ao seu interior.

- Agora é só dar corda... E ela acabará se enforcando sozinha - falou o representante das sombras, provocando risos e gargalhadas do bando.

No dia seguinte, antes mesmo de iniciar o expediente de trabalho, Larissa teclou o número do professor. O primeiro contato não surtiu o efeito desejado. A voz de uma secretária informou que o professor ainda não havia chegado. Perguntou se era aluna do professor Alexandre, o que provocou risos de Larissa. No entanto, a imagem clássica do professor que seduz a aluna, ou da aluna que seduz o professor, mexeu com suas fantasias de mulher, suscitando velhas paixões adormecidas.

Ao longo do dia, a cada minuto, Larissa corria os olhos no aparelho, verificando se havia registro de alguma nova chamada. Ansiosa, já pensava em ligar outra vez, quando o celular tocou. Numa olhada rápida, identificou a procedência, mas disfarçou a ansiedade que lhe ia no íntimo.

- Sim. Nós nos conhecemos no Aeroporto. Ainda tenho o seu cartão comigo.

O professor não se fez de rogado. Marcou um jantar para logo mais às 20 horas. Ele a esperaria na cantina Vecchia Itália. Por volta da hora aprazada, Larissa viu o cavalheiro já escolhendo a melhor mesa com o garçom. Este veio ao seu encontro. Beijou-lhe a mão e conduziu-a para o interior do restaurante.

Experiente, vivido, habituado a relacionamentos, Alexandre estava deveras interessado na sua nova conquista. Gostava de Larissa, sem entender por que aquela atração era tão intensa. Beberam umas taças de vinho e apreciaram os tipos de massa da tradicional casa de comida italiana.

Evitando ir com tanta sede ao pote, Larissa pretextou cansaço e pediu que a levasse para casa. Deixaria o próprio carro no estacionamento da Agência.

Conhecedor da alma feminina, Alexandre estalou os dedos, e o garçom trouxe um volume envolvido numa embalagem graciosa. Era uma garrafa de finíssimo vinho, importado. Em seguida, um Nissan estacionava à porta. O manobrista abriu a porta do lado do passageiro, enquanto Alexandre assumia o volante.

- Ah! Isso sim é viver! Receber carinhos, usufruir conforto, amar e ser amada... O que há de errado nisso? - pensou.

Por volta da meia-noite, entrou na casa, sem fazer alarde. Ninguém estava ali para perguntar onde estivera. Aliás, havia alguns anos, Marcos e Larissa mantinham vida conjugal aparente. Foi para a cama e dormiu pesadamente. Mas somente o corpo, porquanto o espírito saía em busca das velhas paixões.

Imaginou estar vendo o belo Alexandre, aguardando por ela, mas logo notou que fora atraída para uma armadilha. Estava na presença de Capa e seu bando. A estratégia dos facínoras produzira efeito.

- Quem são vocês?

- Não me reconhece? - tornou o espírito de lúgubre aspecto.

Com ele, surgiram também Daniel, Gildo e dois vultos femininos, que Larissa não identificou.

- Não bastam os sofrimentos que já me fizeram passar, dopada de remédios e prisioneira daquele velho estúpido? - reagiu, nervosa.

O líder riu, deixando que Daniel viesse ter com a sua antiga noiva.

- Isso não é nada comparado ao que venho padecendo desde que me vi estatelado na calçada. Nestes 25 anos, esperei por este momento. E agora quero que passe por tudo que passei. Além de me trocar por aquele fanfarrão, sequer teve a coragem de dizer ao nosso filho quem é o seu verdadeiro pai! - ameaçou o espírito, inconformado.

- Por favor, não envolva o menino, que já sofreu demais. Ele não precisa saber.

- Já sabe! Isto é, quando está aqui comigo tem ciência de tudo. No corpo, não se lembra de nada, mas sente minha presença. Juntos temos passado bons momentos.

- Infame! Isso explica os porres e vexames. Você o está vampirizando! Não percebe o mal que está fazendo?

- Ora, ora... Não sabe que estávamos juntos quando encheu a cara e voou a 160 quilômetros por hora?

- Malditos... Até quando vão me perseguir?

- Até que pague o último ceitil. Não é isso que estão te ensinando lá?

Larissa rolava na cama, balbuciando frases desconexas. O esposo acendeu a luz e tocou-lhe a fronte, fazendo-a despertar.

Perplexa, vestiu a camisola e procurou algo para beber. Teria sido mesmo um sonho? Retornou ao leito e tentou orar. Vicente e dois assistentes, que acompanhavam Larissa no seu estado de desdobramento pelo sono, haviam conseguido tirá-la da influência nefasta. Agora, sim, repousaria de fato, induzida hipnoticamente pelos fluidos dispersores que recebia. Os batimentos cardíacos acelerados foram voltando ao ritmo normal.

Otávio apiedara-se de Larissa e também de Breno, que sofria com a separação dos pais.[5]

---

5 Conforme nos ensina Kardec em *O Livro dos Espíritos*, o espírito protetor, anjo guardião ou bom gênio, é aquele que tem por missão seguir o homem na vida e ajudá-lo a progredir. Ele é sempre de uma natureza superior relativamente à do protegido. Esse acompanhamento não é encerrado com a morte do seu afeto. Pode acompanhá-lo mesmo após o seu retorno ao mundo espiritual. Os espíritos familiares se ligam a certas pessoas por laços mais ou menos duráveis tendo em vista ser-lhes úteis, no limite de seu poder, frequentemente bastante limitado. Eles são bons, mas, algumas vezes, pouco avançados e mesmo um pouco levianos. Eles se ocupam, de bom grado, dos detalhes da vida íntima e não agem senão por ordem ou com permissão dos espíritos protetores. Os espíritos simpáticos são os que se sentem atraídos para nós por afeições particulares e certa semelhança de gostos e de sentimentos, no bem e no mal. A duração de suas relações é quase sempre subordinada às circunstâncias. O mau gênio é um espírito imperfeito ou perverso que se liga ao homem para desviá-lo do bem, e age por sua própria iniciativa

- Esse contato, nos estados de liberação do corpo físico, vai se repetir com mais frequência? Espera que produza algum efeito moral sobre eles? - insistiu Otávio.

- Eles terão de se olhar de frente, cedo ou tarde. Ao despertar, nossa irmã não se lembrará dos detalhes, com exceção das ameaças feitas contra o filho. Breno é o pivô de muitas das discórdias que vêm do passado distante. E nele pode estar também o caminho para uma transformação dos sentimentos que ainda povoam o íntimo de cada um.

- Como mudar o curso desses acontecimentos? Eles podem levá-la outra vez a tentar o suicídio...

- Dependerá de Larissa. Cabe a ela buscar o equilíbrio e a paz que almeja para si e para os que ama. Pela dor, aprenderá também a orar pelos próprios inimigos. A ela cabe o primeiro passo para a reconciliação. Daniel já está inserido no círculo familiar, porque pai e filho são afins e carregam vícios de experiências comuns em outras jornadas. Estejamos preparados.

Larissa despertou aos poucos com os passos de Alzira, fazendo as arrumações no apartamento. A imagem de Breno permanecera na memória, e ela via o filho na mais completa indigência.

- Que sonho horrível. Breno vivendo daquele jeito... Estaria ele fazendo isso por pirraça? Por eu estar me separando de Marcos, que nem é seu verdadeiro pai?

A imagem do noivo veio nítida à sua frente, ainda de capacete, jaqueta e luvas.

---

e não em virtude de uma missão. Sua tenacidade está em razão do acesso mais ou menos fácil que encontra. O homem está sempre livre para escutar sua voz ou repeli-la.

– Daniel! Ele também estava no sonho! – falou em voz alta.

Larissa estancou o passo. Enxugando os cabelos, foi até o espelho e olhou para si mesma, assustada. Lembrava-se agora dos detalhes com nitidez. Breno estava bebendo sim, mas com o pai. E eles riam. Pareciam velhos amigos. Sentou-se na cama e pensou resoluta: "Reunirei os filhos e comunicarei minha decisão...".

VI

SEPARAÇÃO E DOR

A JORNADA DE TRABALHO corria animada, porque mais uma sexta-feira ia chegando ao fim. Larissa vivia um novo *affair* e aquilo lhe devolvia a alegria de viver. Alexandre já lhe fazia planos de uma vida juntos. Tinha um apartamento no Jardim Universitário, desocupado, e poderia muito bem acomodar ali a sua amada. Que não se preocupasse em levar objetos e móveis, porque compraria tudo novo, desde a mobília até a baixela de cozinha, do seu gosto.

Larissa pretendia comunicar aos filhos a sua decisão, que já era do conhecimento de Marcos. Instruída pelo próprio namorado, que era advogado experiente, tomara todas as providências para que a separação não configurasse abandono do lar.

Sem rodeios e sem demonstrar qualquer pudor com relação aos sentimentos dos filhos, a mãe falou com eles, em torno da mesa de jantar.

– Sei que sempre desejaram a minha felicidade. E sabem que eu e o pai de vocês não temos mais vida afetiva. Vocês são adultos e já podem entender como é a vida, porque são de uma geração diferente. Você, meu filho, vive praticamente na casa da namorada. Sirlene e Thiago também não são mais criança. A dificuldade maior será convencer seu avô. Ele não vai aprovar minha decisão e certamente me culpará por tudo de mal que me venha acontecer depois...

– Mãe não deve abandonar os filhos. Nunca! Se faz isso, perde a razão. Um lar sem mãe é como um jardim sem flor – falou Breno, mostrando sua contrariedade.

– Está dizendo isso porque vai perder alguns privilégios... – replicou a irmã.

– Pelo contrário: eu e Tatiane estamos preparando nosso ninho e até o fim deste ano esperamos anunciar nossa união. Além disso, sempre soube me virar sozinho – acrescentou, disfarçando o misto de emoções que o torturavam no íntimo.

Thiago, o mais novo, tipo calado e meticuloso, estava dividido. Sentia muito pelo pai, que vivia solitário, encerrado no quarto, ocupado apenas com a administração dos negócios. Sirlene queria a felicidade materna, ainda que para isso tivesse que vê-la nos braços de outro, e não do pai.

– A avó de vocês não põe obstáculo algum. Aliás, ela já conheceu Alexandre e ficou deslumbrada, porque ele é muito culto e educado... Um cavalheiro! – emendou Larissa, tentando obter o aval dos filhos.

– Vovó já sabe que Breno está pensando em se mudar? – atalhou Sirlene.

- Minha vó já sabe de tudo. Entre nós não há segredos - retornou o irmão.

Larissa sentiu um calafrio. Até então nunca dissera ao menino o que sucedera ao pai. Tentou desviar a conversa:

- Bem! Eu já falei o que desejava falar. Na próxima vez, quero receber todos vocês em meu novo endereço. Podem me visitar à hora que desejarem. Será a casa de vocês. Alexandre quer conhecer cada um. Ele também foi casado e é pai de dois filhos, quase da mesma idade de vocês. Espero que se conheçam e sejam amigos...

Nesse momento, Sirlene levantou a taça e convidou para um brinde.

- Pela felicidade da mama! Viva!

Todos seguiram o mesmo gesto, erguendo copos. Breno, que já entornara algumas taças, começava agora a experimentar bebidas mais fortes. A mãe veio para perto dele.

- O que é que sua vó disse que eu ainda não lhe tivesse contado?

- Ela me mostrou algumas fotos do meu pai. Ele nem se parece comigo... Mas eu gostaria de tê-lo conhecido.

- E para quê?

- Soube que morreu num acidente de moto.

Larissa estremeceu.

- Sim... Dirigia em alta velocidade, bêbado. Aliás, não estou gostando nada de ver você bebendo deste jeito.

- Soube que estava muito deprimido.

- E o que mais poderia fazer se...

Larissa interrompeu a frase, pega em contradição.

Não estava naquela noite oficializando o rompimento de uma união fracassada? Lembrou daqueles dias de doloroso dilema. Chegara a pensar no aborto. E se tivesse abortado, não teria ali o filho amado. Olhou para o rapaz, com ternura. Abraçou-o, ajeitando-lhe a cabeleira rala na fronte.

- Não quero que corte mais esse cabelo, ouviu? A barba, essa pode deixar... Fica bonito assim.

O menino riu:

- O que sobra na barba está faltando aqui - falou, mostrando a calvície precoce na parte mais alta da cabeça.

O que ambos não podiam suspeitar é que Daniel se encontrava ali no meio deles. Desde alguns dias, vinha acompanhando o filho nas suas baladas.

Também do invisível, Vicente observava os novos lances de Larissa e o grupo familiar. Outros espíritos amigos, como Otávio, também interessado na felicidade e progresso daquelas criaturas, buscavam alternativas para a paz no instituto doméstico, desejosos de vê-los no caminho do bem, afastados dos vícios e das paixões terrenas.

- Daniel foi atraído para junto do filho. Isso pode mantê-lo afastado dos demais e amainar o sentimento de vingança contra a mãe. Precisamos tirá-lo da influência direta do líder a quem respeita e teme ao mesmo tempo. Esse a quem chamam Capa.

- Não apenas Daniel. Outros espíritos, no mesmo grupo, também estão ligados no mesmo passado de quedas e transgressões à lei de amor - completou Vicente.

As ponderações de Vicente eram procedentes. Ódio

e amor podem andar lado a lado, como faces de um mesmo objeto. Larissa e Daniel talvez fizessem uma trégua, dedicando-se cada qual à felicidade de Breno. Mas a felicidade, tal como a entendiam, não passava de satisfação de passageiras ilusões. Larissa sabia, porque já ouvira isso dos lábios de Valéria: "A verdadeira felicidade não é deste mundo."[6]

6 *O Evangelho segundo o Espiritismo*. Capítulo VII. Bem-aventurados os pobres de espírito.

VII

ATÉ O ÚLTIMO CEITIL

LARISSA ESTAVA EM HORÁRIO de almoço quando Alexandre veio à agência. Parecia um tanto agitado.

– Eu liguei duas vezes e não consegui falar com você.

– No horário de expediente temos ordem expressa para não atender chamadas no celular. Apenas atendemos ligações de clientes.

– Liguei no número do banco e ramal da sua mesa. E ouvi um burburinho. Parecia uma festa...

– Festa? Não pode ser. Aqui só há comemorações de aniversários na última sexta-feira do mês. Ou quando a agência atinge uma meta importante. Assim mesmo, fora do local de trabalho.

– Podemos sair um pouco? Essas pessoas pensam que sou bicho!

– Não... Não é conveniente. Vá para casa. A gente conversa depois. O que está te deixando tão ansioso?

– Aquele professorzinho arrogante... Deve ser protegido do reitor. Ele conseguiu abocanhar parte das aulas que eram minhas. Aquilo que eu havia comentado: estou sendo perseguido... Perseguido! Mas eu vou entrar com recurso... Ele não pode fazer isso, porque infringe o regimento da Universidade...

– Amor... Logo estarei em casa, e a gente conversa. Eu preciso trabalhar... Entende?

Alexandre se foi. Meio a contragosto. Larissa começava a se preocupar com ele. Ora se mostrava ansioso, ora deixava a cólera tomar conta. O mais grave é que repetia algumas histórias, dramatizando cada passagem, como se as estivesse contando pela primeira vez. A história mais repetida chegava a assustar. Dizia que uma vidente na sua cidade mostrou-lhe uma vida passada, quando fora um samurai no Japão do século 19, tendo lutado para defender uma dinastia.[7] Quem ousasse pesquisar na História, veria que não eram invenções ou fantasias, e que, de fato, nesse período houve muitas disputas entre os clãs (xogunatos) em que os samurais, uma espécie de vassalos na versão oriental, ficaram famosos, lutando em defesa dos seus senhores feudais. Dizia que fora traído por uma gueixa da dinastia rival e acabara preso, torturado, e, por fim, atirado de um penhasco. Ele repetia a mesma história, sem se contradizer uma só vez...

---

7 Por vários séculos, os samurais formaram a classe dominante do Japão, até a derrocada dessa aristocracia em 1868, com o início do regime imperial. Esses soldados serviam cegamente aos seus senhores. Além da disciplina e lealdade, tinham muita habilidade com a *katana* e a *tachi*, tipos de espadas que usavam.

E o caso ficou mais impressionante quando Larissa visitou o apartamento de Alexandre em um condomínio do Jardim Universitário. Na sala, uma armadura e produtos de arte marcial decoravam o ambiente. Havia ainda uma coleção de facas, incluindo espadas dos vários tipos e tamanhos, arco, flechas e até uma lança. Sem contar o guarda-roupa repleto de peças usadas pelos guerreiros japoneses.[8]

Num sábado à noite, com os filhos presentes, Larissa apresentou o companheiro, que recebeu a atenção de todos. A conversa ia animada até que, num dado instante, Alexandre fechou o semblante, denotando irritação e contrariedade com algum fato. A sua reação passou despercebida pelo grupo, menos por Larissa.

Mais tarde, Larissa procurou estabelecer um diálogo, tentando ser amável com o companheiro:

- O que aconteceu, meu bem? De repente, deixou o prato e ficou mudo, de cara fechada...

- Muito mal-educado aquele namoradinho da Sirlene... Quem lhe deu liberdade para se dirigir a mim daquele jeito?

Larissa começou a perceber que os surtos de agressividade estavam sendo recorrentes. Naquela noite, teve muita dificuldade para controlar a ira de Alexandre, que circulava pelo apartamento, raivoso, como se tivesse um espinho atravessado na garganta.

Adormecida, viu-se diante de um espírito, que a contemplava com um riso irônico.

- Quem é você?

- Não deve me conhecer. Mas ele sabe quem eu sou

8 *Yoroi*, o uniforme militar; *kabuto*, um tipo de capacete.

– falou o espírito apontando para Alexandre, amarrado a uma cadeira de rodas.

– O que estão fazendo? Isso é tortura mental...

– Talvez... Ele sabe bem o que é isso. Achou que passaria incólume, mas, por tabela, acabei encontrando o covarde...

– Como assim?

– Um dos seus inimigos me trouxe até aqui. Não tenho nada contra ti. Mas contra este, sim. Há muito que estava à caça desse doutorzinho.

Larissa estremeceu. Alexandre, de camisolão, tinha os braços presos a uma cadeira, enquanto uma "enfermeira" ministrava-lhe remédios...

– Em pouco tempo a insanidade será completa. O processo já começou. Foi assim que fui parar também num sanatório. E sofri muito nas mãos desse infeliz. Nas minhas crises, amarrado ao leito e com eletrodos na cabeça, recebi descargas elétricas que só agravaram meu quadro, lesando-me as partes mais sensíveis do cérebro. E o pior: quando despertei deste lado, compreendi que o maldito extorquia minha família, apoderando-se dos meus bens... Minha pobre mãe pagava altas somas pelos seus serviços, sem suspeitar que, em vez da cura, o canalha queria mesmo a minha morte.

Larissa quedou-se paralisada. Queria sair dali, mas não conseguia mover um braço sequer.

– E por que se vingar agora, depois de tanto tempo? – conseguiu falar.

– Que é o tempo para o espírito? Deste lado, não tenho mais ilusões. Só queria encontrar esse miserável. E ele aí está...

- Isso não vai te fazer feliz... Não será melhor esquecer tudo e entregar a Deus?

- Deus? Minha mãe dizia que Deus é justo, bom, misericordioso... Mas nenhum anjo foi me tirar daquele quarto de hospital. Só mais tarde, quando recobrei a lucidez no meio de tantos outros doidos varridos como eu, é que compreendi as intenções deste covarde. Queria mesmo roubar-me a esposa e os bens. O que acabou conseguindo...

- Não crê que a justiça divina possa alcançá-lo? Quem de nós pode assumir a toga de juiz contra nosso irmão? - ponderou Larissa, tentando amenizar os horrores da cena que presenciava.

- Não se trata de vingança. Mas de justiça. Olho por olho, dente por dente. Não é o que está escrito na Bíblia?

Intuída por outros espíritos, cuja presença não podia detectar naquele momento, Larissa sentiu-se estimulada a falar. Recordou as palestras evangélicas no Vinha de Luz.

- Mas também está escrito que "Quem com ferro fere, com ferro será ferido", não é verdade? Por que sua mãe não está aqui também procurando vingança? Ah... Ela já é capaz de compreender o Evangelho de Jesus, que está acima da lei mosaica.

No estado de vigília, Larissa malbaratava aqueles ensinamentos, mas agora, livre da influência da matéria, recobrava os conhecimentos já interiorizados nos embates morais de outras existências.

Nesse instante, viu que o quarto se enchia de uma luz azul-prateada. Um vulto luminoso fez-se reconhecer pelo espírito atormentado pelo desejo de vingança.

- Mamãe! - gritou ele, num arroubo de felicidade. - Minha mãe! Enfim, você veio, mãezinha...

Larissa acompanhava a cena emocionante. Aqueles espíritos, mãe e filho, reencontravam-se mais uma vez. O homem que antes exigia o cumprimento da lei de talião, agora, graças aos apelos da mãe, aceitava esquecer o mal que sofrera.

- Quanto tempo, mamãe! Leve-me daqui... Cansei de sofrer!

- Vem, filho meu. Há muito que esperava por esta transformação em tua alma. Jesus é nosso Mestre. Vem comigo...

Larissa acompanhava o emocionante diálogo, observada por Vicente e Otávio. Em dado instante, percebeu que se encontrava em outra paragem.

Voltando-se para os benfeitores, observou:

- Já estive aqui antes...

- De fato. Antes do seu retorno à carne, estivemos aqui juntos planejando sua nova existência. Nem tudo tem saído como esperávamos, mas você ainda pode aproveitar os anos que te restam na Terra auxiliando aquele que outrora abandonou. Ampara-o com tuas preces.

Como numa viagem hipnótica, viu cenas da própria existência ao lado de Alexandre, que aparecia ali trajando uniforme militar dos antigos samurais.

- Não quero ver isso. Gostaria que isso se apagasse da minha mente, para sempre.

- Ninguém pode arrancar a página do livro que escreveu. Se esse irmão te cruza o caminho, não deve desprezar a chance de iniciar a devida reparação. Se não for agora, terá de fazê-lo amanhã, talvez em circunstâncias ainda mais difíceis.

Vicente fez as cenas recuarem no tempo e então Larissa viu-se, ao lado de Alexandre, vestida como gueixa[9]. A beleza da jovem oriental fez lembrar a si mesma. Ao lado do samurai, fruía momentos de paixão, luxúria e poder. Sadako era, de fato, Larissa!

- Não quero ver isso outra vez... Basta! - gritou, envergonhada. - Sei o quanto errei, por egoísmo e ambição. Mas se for para limpar essas manchas do meu passado, aceitarei a prova - soluçou em prantos.

- Você terá nossa ajuda. Nós estaremos a seu lado, inspirando e ajudando, até que Alexandre atravesse esses anos sem incorrer no suicídio. Você poderá auxiliá-lo, enquanto ajuda a si mesma. Quando voltar ao corpo, faremos com que se lembre deste aviso. Alexandre, por ora, permanecerá cativo dos próprios adversários. O seu calvário na Terra já começou.

Larissa viu-se então desperta, com o companheiro trazendo-lhe a bandeja de café e bolachas.

---

9 Ao contrário do conceito popular entre os ocidentais, gueixas não são prostitutas. Eram artistas, representantes da tradição milenar japonesa: vestiam-se e maquiavam-se de modo peculiar. Apresentavam--se em público, com números de canto e dança.

– Eu mesmo preparei o desjejum. Experimente esses croissants. O café foi tirado na máquina... Prove.

Do outro lado, Vicente e Otávio estavam mais confiantes. O plano estava seguindo na direção certa.[10]

10 Questão 459 em *O Livro dos Espíritos*, quando Allan Kardec interroga: Os espíritos influem sobre os nossos pensamentos e as nossas ações? Ao que os benfeitores do Espaço respondem: – A esse respeito sua influência é maior do que credes porque, frequentemente, são eles que vos dirigem.

VIII

CRISE

O EXPEDIENTE NA AGÊNCIA já entrava no início da tarde quando Jéssica veio à mesa da amiga.

- Está morando bem, Lári. Poderosa, você!

- Andou bisbilhotando meus posts? - revidou Larissa, rindo.

- Gostei da decoração... Seu apartamento está uma graça!

Confidentes, as duas amigas saíam para o almoço.

- Deveria fazer um seguro do imóvel - falou Jéssica, já entrando no assunto que queria tratar.

- Não sei se deveria. O apartamento ainda não está quitado. E, pelo que estou sabendo, há um processo correndo, o que impede seja lavrada a escritura.

- Tem ideia de quanto vale? - retornou a subgerente. - Pergunto isso porque o seu namorado já tentou um financiamento aqui. Se quiser, posso levantar a ficha com

Sandro, diretor de investimentos imobiliários. Ele tem o cadastro de todos os apartamentos comercializados pela Incorporadora, que é nossa parceira.

A conversa prosseguiu, informal, mas deixou Larissa inquieta.

As amigas voltaram à rotina bancária. Embora confidentes, a amizade vinha de poucos anos, quando passaram a atuar na mesma seção. Naqueles dias, haviam se tornado mais íntimas, não apenas pela afinidade espiritual, mas também por conta das atividades profissionais.

Desde que Larissa fora efetivada na agência, vinha galgando postos e fazendo uma carreira promissora. Jéssica, que era funcionária com mais tempo de casa, ocupava o cargo de subgerente. Acima dela, o gerente da seção e o superintendente da agência.

* * *

AO CHEGAR EM CASA, viu o companheiro irritado, ao celular. Discutia com o vice-reitor.

– Esse sujeito não sabe com quem está mexendo. Eu já entrei com a ação. Depois, veremos como fica. Posso sacar o Fundo de Garantia e ainda exigir a multa contratual – falava, exaltado.

Aquela conversa estava se tornando pesada demais. Larissa tentou amenizar o ambiente. Abriu as cortinas e deixou o vento entrar pelas amplas janelas de vidro. Saiu à sacada e contemplou a cidade, iluminada. A visão era magnífica.

O esposo continuava na mesma tecla, falando e gesticulando, repetindo os lances vividos no ambiente acadêmico. Algo lhe dizia, lá no íntimo, que aquela relação iria degringolar. E esse pressentimento tornou-se ainda mais forte quando viu Alexandre atirar o celular contra a parede.

– Se pensam que vão me fazer de trouxa, estão bem enganados. Eles estão brincando comigo! Se preciso, recorro ao Governador. E então veremos quem pode mais!

Larissa, pela primeira vez, sentiu medo do companheiro. Tentou distraí-lo com outros assuntos e começou a preparar algo para o jantar. Ligou a TV, mas nem pôde acompanhar as notícias. Grosseiro, ele desligou o aparelho, dizendo que detestava o apresentador. E que também não suportava novelas!

Foi para o quarto e pensou: "Meu Deus! Que está acontecendo com esse homem?"

Despediram-se, com um frio boa-noite, cada qual mergulhado nos seus problemas. Larissa sentia que era preciso conhecer melhor o histórico de Alexandre. Faria contato com a sua primeira esposa, mãe dos seus dois filhos, todos residindo em Marília, no interior paulista.

No dia seguinte, Alexandre ficara no apartamento instruindo a ação que movera contra a Universidade. Larissa seguiu para o trabalho e, na primeira oportunidade, tentou os telefones de Noeli e do filho mais velho, Rodolfo.

Larissa não teve dificuldades de entendimento com aquela mulher serena e calejada pelas tribulações da vida. Profissional da Saúde, atuando em repartição pública, Noeli fez breve perfil do esposo, mencionando que já estivera internado uma vez. Envolvido em outro relacionamento, mudara-se para a Capital, após aprovação em concurso para professor universitário na área do Direito Tributário. Até pouco tempo, dividia apartamento com a segunda esposa, mas o relacionamento não durou muito.

No mesmo dia, Larissa recebeu outra nota desagradável. O vice-reitor pedia que ligasse para ele. Precisava falar sobre Alexandre e os incidentes causados. Sugeria seu afastamento para tratamento médico, porque seu comportamento configurava grave transtorno mental. A família precisava saber.

Larissa procurou a mãe, Lucinda, e o pai, Emiliano. Não estava animada a retornar para o apartamento antes de ouvir alguns conselhos.

- Não seria o caso de consultar o doutor Fábio? - ponderou a mãe, preocupada. - Ontem, Alexandre passou aqui à tua procura, desesperado. Emiliano conversou com ele, por quase uma hora. Ele está muito agitado...

- Hoje vou lhe dar um daqueles comprimidos que me foram receitados pelo doutor. Peça vibrações aos amigos do centro, mamãe. Como disse o doutor Fábio, por trás de todo transtorno mental há sempre um componente espiritual.

Alexandre vinha alternando dias bons e dias muito ruins. Aceitara passar pela consulta médica. Larissa soubera negociar com ele: a consulta ou a internação! Mas a trégua não durou muito. Nem consulta, nem internação. A gota d'água transbordaria no fim de semana, quando Sirlene passou no apartamento para buscar coisas pessoais. Grosseiro, recebeu a moça de cara fechada.

Em contato com a mãe, a jovem relatou o modo hostil de Alexandre. E aquilo deixou Larissa extremamente nervosa. "Aceito tudo. Mas não mexa com meus filhos!" - pensou consigo, roendo-se de raiva, mordendo o lábio inferior, como de costume. "Hoje ele vai ouvir de mim... Ah se vai!"

Larissa mal conseguia concentrar-se no trabalho. Mas foi Jéssica quem a tirou daquele estado.

- Devo ir ao shopping trocar um sapato. Não quer vir comigo?

O convite chegava em boa hora. Era preciso desabafar um pouco. Contou à amiga sobre as últimas crises de Alexandre. Marcaria uma consulta com o doutor Fábio. Talvez, com uma dosagem mais forte, Alexandre poderia acalmar-se um pouco. E também avisaria Noeli e os filhos.

- Ele já esteve internado uma vez. A esposa me contou coisas terríveis! - falou Larissa, preocupada. - E quanto ao apartamento, já não estou tão certa se vamos morar juntos.

- O banco tem a ficha completa do imóvel. E o financiamento só depende de uma aprovação da matriz. Não será melhor aguardar o processo?

- E se esse homem tornar-se um incapaz? Ele entrou com ação contra a Universidade. E suas aulas foram retiradas.

- Deixe o processo andar. Pelo menos terá o apartamento pago. Uma segurança no futuro. Para você e para ele - ponderou Jéssica, completando: - Com o imóvel quitado, poderá revendê-lo à Incorporadora... Embora por um valor menor.

De volta para casa, Larissa ia preocupada, pedindo ajuda dos bons espíritos. O diálogo em casa não seria nada fácil.

IX

ROMPIMENTO

JÁ NA PORTARIA PRINCIPAL do condomínio, Larissa recebia o primeiro sinal de que as coisas não iam bem em casa.

– Dona Larissa! Deixaram este envelope aqui para o senhor Alexandre. Mas ele não retirou até agora – avisou Davi, o zelador.

– Ele está em casa?

– Sim. Não saiu até agora. Eu toquei a campainha, mas ninguém atendeu à porta.

Larissa ficou preocupada.

– Meu Deus! – exclamou, trêmula. Estacionou o veículo meio atravessado na vaga e subiu rapidamente para o 601, já com as chaves na mão. Olhou o remetente e reconheceu que a correspondência era da Universidade.

Abriu a porta e viu que as luzes estavam apagadas. Temeu pelo pior. Acendeu as luzes do corredor e viu Alexandre no bar, ao fundo da sala, na penumbra.

- Que faz aí, sozinho, no escuro? - falou, caminhando na sua direção.

Calado, com olhar enigmático, Alexandre bebia um Martini. A garrafa já estava no fim. À sua frente, uma coleção de facas e apetrechos de arte marcial. Era aficionado por esse tipo de armas.

- Liguei para o banco hoje. Disseram que não estava, mas eu ouvi vozes dos seus amiguinhos... - murmurou, sem dar muita atenção à correspondência.

- Do que está falando? Por favor, Alexandre... Vamos parar com essa história! Eu estou cansada. Esgotada... Não parei um minuto hoje. Se quer saber, acho bom encerrar esta conversa.

- Acha que pode me enganar? Pois eu não vou tomar esses comprimidos. Estão me envenenando!

- E como quer que o remédio faça efeito, bebendo desse jeito? Pois eu estive hoje conversando com o doutor Fábio. Pedi uma guia para internar você.

Nesse momento, como se teleguiado por obsessores, Alexandre arrojou-se contra Larissa, com mãos de ferro. Apertou-lhe o pescoço com raiva, falando em tom ameaçador:

- Pois tente... Tente fazer isso! E verá do que sou capaz...

Larissa quis gritar, mas estava sufocando. Com um empurrão, conseguiu desvencilhar-se.

- Pois esta foi a última vez que pôs as mãos em mim, covarde! Esqueceu que posso fazer uma denúncia e colocá-lo preso? Você conhece bem as leis!

Pegou a bolsa que ainda estava no sofá e saiu, batendo a porta. Com o choro represado na garganta, desceu as escadas do prédio em desespero.

Naquela noite, Larissa não voltou para casa. O processo de rompimento estava em curso.

Dias depois, Rodolfo e o irmão chegavam para levar o pai. Sem reação, mesmo porque se encontrava fraco e desnutrido, Alexandre seguiu em viagem para Marília, para dar entrada no mesmo hospital onde estivera internado por duas vezes.

Larissa voltou ao apartamento para tirar alguns pertences. No último contato com Noeli, fora informada de que Alexandre já estava de fraldão e não reconhecia os próprios familiares.

Na agência, tentava manter-se calma e atenta à rotina de trabalho para não dar mais munição às fofocas no corredor e sala do café. Jéssica veio ao seu encontro, para lhe prestar apoio em hora tão difícil.

- Está a fim de almoçar?

- Obrigado, Jess - respondeu, tratando a amiga do modo íntimo. - Queria terminar esta planilha, porque minha mesa está um horror...

- Deixa isso aí. Depois você retoma. Precisa refrescar a cabeça.

Jéssica tinha sentimentos bons. Seus conselhos ajudavam Larissa a ver a situação com mais clareza e objetividade.

- Entrei numa enrascada. Quem poderia imaginar que o homem era um perturbado mental?

- Da próxima vez, tome mais cuidado. Principalmente com esses sites de relacionamento... Você já tirou as coisas do apartamento?

– Algumas. Os filhos virão fazer a mudança completa. E também autorizar a venda do imóvel, porque não têm como custear as despesas médicas com internação. O apartamento não pode ser vendido do jeito que está...

– Se a Incorporadora receber o imóvel de volta, estará liberado para a venda. Tentaremos agendar um encontro com os executivos da empresa que é nossa parceira. A não ser que você queira ficar com o imóvel... Podemos conversar com Sérgio, o corretor.

– Não... Eu não!

– Por que não? – Aproveite que o imóvel será quitado por um preço excepcional. Se preciso, use o financiamento que está pré-aprovado para funcionários.

– Não sei. Tudo que eu preciso fazer é apressar a venda e liberar o dinheiro para a família.

* * *

OS DIAS CORRERAM CÉLERES. Numa manhã, Larissa recebe um executivo da Incorporadora para uma inspeção no apartamento 601. Com ele, um dos funcionários do banco e o corretor de imóveis, Sérgio. O apartamento havia se valorizado, porque todas as unidades estavam vendidas.

– Hoje um apartamento destes não é vendido por menos de 1 milhão – falou o corretor, refazendo cálculos no celular. – É um excelente negócio para o proprietário, que, segundo me consta, não está morando no imóvel. Uma vez quitado, poderá ser vendido pelo dobro!

Nos dois dias seguintes, Larissa fez novos contatos com a família. Daria entrada num financiamento e quitaria o imóvel. Esperaria então a vinda de Rodolfo para assinatura do contrato de venda à Incorporadora. Caso não pudesse, que lhe desse uma procuração.

X

UM NOVO AMOR

NAQUELA SEXTA-FEIRA, OS COLEGAS se reuniam na Vecchia Itália para comemorar o aniversário de dois funcionários e também as metas atingidas na comercialização de vários produtos lançados pelo banco. Jéssica estava sendo promovida ao cargo de gerente.

Larissa preparou-se para a festa. *Love is in the air,* pensou consigo mesma, cantarolando o hit dos anos 70. As coisas estavam se encaixando. Em poucos dias estaria quitando o apartamento de Alexandre e, de posse de uma procuração de Rodolfo, poderia intermediar a sua venda à própria Incorporadora. Ademais, estava encantada com os galanteios de Sérgio.

– "Parabéns pra você... Nesta data querida..."

O grupo de bancários cantou para os aniversariantes do mês, com os copos levantados. Larissa brindou com Jéssica, que estava sendo promovida.

– Parabéns para você também. O banco fez justiça à sua melhor funcionária – falou Larissa, abraçando a amiga.

– Melhor manter isso entre nós. Sempre há os descontentes... Você sabe como é. Mas, conte do seu novo *affair*. Estou sabendo.

Larissa corou. Mas não podia esconder nada de Jéssica.

– Ele está vindo aqui. Não seja indiscreta... Isso ainda é segredo!

Quando mencionou o nome do corretor, Jéssica afastou o braço da amiga. Olhou-a com desprezo e falou:

– Como pôde se envolver com um homem desse naipe? – levantou-se e saiu, desapontada.

Sim, Larissa estava novamente enamorada. O relacionamento ia muito bem e discreto. Desta vez, as coisas seriam diferentes. Ele era solteiro, quase da mesma idade. Mas tinha medo de que aquilo viesse a público. Afinal, Alexandre continuava hospitalizado. E ela ainda não desocupara o apartamento.

Lucinda não deixou de acompanhar a nova fase amorosa da filha. Os filhos não estavam preocupados, contanto que o atual namorado não trouxesse os aborrecimentos trazidos pelo primeiro. Ademais, as criaturas tendem a se adaptar com facilidade ao conforto e prazeres da vida material.

– Filha... Você tem notícias do Alexandre? Já concluiu a transação do apartamento? Tenho dó do moço. Fico preocupada com a sua família...

– Mãe... Não precisa me lembrar das minhas obrigações! Por minha conta e risco, acabo de quitar o imóvel e aguardo a procuração de Rodolfo para que o apartamento seja revendido à Incorporadora. Abrirei mão do valor das parcelas que quitei. Acho que isso merece consideração, não?

A mãe reconheceu o gesto da filha, mas não aceitava o novo relacionamento, assim tão rápido.

- Soube que pretende se casar... Não pode esperar um pouco mais?

- Sérgio é descendente de italianos e acaba de conseguir a dupla cidadania. Casados, poderemos visitar a Itália e conhecer a terra dos seus avós.

- Mesmo assim, acho que está se precipitando.

- Mamãe... Eu sempre quis casar-me de papel passado. Subir ao altar, de véu e grinalda, mesmo não sendo católica. Mas Sérgio é. Pensei mesmo em convidar o senhor Júlio para dirigir a cerimônia... Algo, assim, à moda ecumênica...

- Ah... Minha filha! Pra que isso, agora? Eu e seu pai não fazemos questão disto. Além do mais, você já tem quase 45 anos de idade.

- Eu acho que isso poria fim a essa minha fixação com casamento. Sérgio também nunca se casou, ao contrário dos seus dois irmãos. Seus pais são falecidos. Eu apresentarei Sérgio a vocês. Mas só depois que estiver tudo certinho.

- Você foi casada por vinte e cinco anos, sem papel passado. Que diferença isso fez?

- Muita. Se não fosse por meu emprego, estaria até hoje sem um plano de saúde. Quando veio a crise no mercado asiático, com a queda nas bolsas de valores do mundo inteiro, quem arcou com as despesas da casa? Desta vez, quero pensar na minha segurança e no meu futuro...

* * *

NAQUELA MESMA SEMANA, LARISSA estava no Vinha de Luz, acompanhando a preleção da noite: "Não separeis o que Deus juntou".

Há compromissos assumidos pelos cônjuges ainda no mundo espiritual. Mesmo rompendo a união, esses compromissos continuarão pendentes na contabilidade divina. Nisso está o sentido das palavras "Não separeis o que Deus juntou", e que, de modo geral, escapa ao entendimento das igrejas dogmáticas.

"Toda vez que venho aqui, parece que a palestra é dirigida a mim. Incrível!" - refletia Larissa.

Nas despedidas, Larissa tentou convencer Júlio a dizer algumas palavras na cerimônia do seu casório. Mas o dirigente espírita declinava, de forma elegante.

– Ao contrário das religiões mais antigas, que têm cultos e rituais, o espiritismo não tem essas características. Não tem sacerdotes ou um líder, como é o papa para os católicos. O culto espírita é todo feito no coração do homem, porque somos ensinados a amar a Deus em espírito e verdade.

– Mesmo assim, quero que pense a respeito. Estou vivendo o melhor momento de minha vida. E quero compartilhar com vocês....

- Estamos felizes por você. Mas devo dizer que sentimos sua falta nas reuniões públicas.

- Eu prometo que passarei a frequentar de modo mais assíduo. Ainda estou enrolada com muitas coisas. Sirlene poderá ajudar na Evangelização. Ela e César já seguem a doutrina, assim como meus pais. Thiago está fazendo faculdade em Juiz de Fora... Breno é muito sonhador e não se liga muito nessas coisas filosóficas. Aliás, eu me preocupo mais com ele.

- No momento, o chamado é para você. Quanto aos demais, cada qual terá de responder por si mesmo, a seu tempo - falou Júlio, sempre firme, mas também gentil.

Larissa estancou o passo, pensou um instante e então falou:

- Faremos uma campanha em favor das famílias assistidas pelo Vinha de Luz. Pedirei a cada funcionário do banco que doe um ticket-refeição, e converteremos tudo em cestas de alimentos. Começaremos já! Que me diz?

Júlio sorriu, agradecido.

- Por ora está bom. Mas vamos querer mais!

XI

ATÉ QUANDO?

LARISSA EXULTAVA. OS PREPARATIVOS para o casório iam de vento em popa. Os padrinhos deveriam seguir o figurino dado pela chefe do cerimonial. A dama de honra seria Sirlene, acompanhada dos irmãos - Breno e Thiago. A noiva seria levada pelo pai, Emiliano. Sérgio, por sua vez, teria a presença dos irmãos. Tia Giordana viria da Itália só para o evento.

A cerimônia, civil e religiosa, seria feita em uma pequena igreja católica, no bairro onde os noivos iriam residir, em casa que pertencera aos pais de Sérgio, o único filho solteiro até então.

- O que te fez mudar de opinião? - indagou Lucinda, estranhando a decisão da filha.

- Conversei bastante com Sérgio e decidimos acatar as orientações de Júlio e Valéria. Ainda não estamos prontos para deixar velhas tradições. Sérgio me apresentou o padre Jorge. Ele não fez censuras. Eu gostei dele. Acho até que é simpático às ideias espíritas...

- E o que pensa Emiliano? Já falou com ele?

- Papai não se importa. Contanto que eu esteja feliz... Ele aceitou me levar ao altar.

- Precisamos então ver nossas roupas... Já escolheu o vestido?

- Amanhã irei experimentar... Sirlene estará comigo - falou Larissa, exibindo no celular o modelo escolhido.

Com efeito, aquele seria o tema das conversas dos dias que sobrevieram. No lar, na casa dos pais, na casa dos filhos, o assunto era o mesmo. Escolha das músicas, ensaio dos padrinhos, escolha do lugar para a lua de mel.

Larissa estava empolgada.

- Acho que será preciso um ajuste na cintura... - disse, olhando-se no espelho do trocador na grande loja de departamentos.

- Está lindo! - elogiou a filha, enquanto erguia a longa cauda, de cetim, adornada de rendas pontilhadas de pérolas e lantejoulas.

Mãe e filha despediram-se no estacionamento do shopping. Sirlene aguardaria mais alguns minutos pelo namorado, César, que viria apanhá-la.

Larissa seguiu para a casa da mãe a fim de partilhar as novidades. Ao dobrar a primeira esquina, sentiu um arrepio correr pelas costas até o alto da cabeça. Sentiu o peito apertar. As mãos, no volante, começaram a suar.

- Meu Deus! Não... De novo, não! - exclamou. - Eu estava tão bem... De novo não!

Diminuiu a velocidade, tomando a faixa mais à direita. Aquele mal-estar iria passar logo. As emoções eram confusas. Parecia ouvir risadas vindas de algum lugar. Tentou rezar. "Pai nosso, que estás nos céus... Santificado...", mas não conseguiu manter a concentração. Ainda tinha comprimidos na bolsa, caso precisasse. "Amanhã ligarei para o doutor Fábio. Verei também os meus amigos no Vinha de Luz... Estou a menos de um mês do meu casamento!" - pensava consigo mesma.

No lar materno, foi para o banho, tentando não demonstrar seu estado de perturbação. Parecia estar sendo observada o tempo todo. Teve vontade de quebrar a louça. De atirar-se ao chão. Uma angústia indefinível...

A mãe notou logo seu estado.

- Nada para se preocupar. Aqueles mesmos sintomas... Mas estou aprendendo a me controlar - falou Larissa, tentando passar tranquilidade.

Lucinda insistiu então que se sentasse. Emiliano lhe aplicaria um passe.

Em alguns minutos, o ambiente doméstico asserenou. Após a prece feita pela mãe, Emiliano falou à filha com doçura e um pouco de humor:

- Você não vai morrer disso. Mas sofrerá disso... Até que o amor venha presidir os atos de nossa vida, estaremos recebendo esse tipo de "visita" inesperada. Toda vez que o amor se ausenta, fica um vazio reclamando a sua presença.

Larissa abraçou o pai, num pranto convulsivo. Foi deitar-se. E, durante o sono, viu-se outra vez ao lado de Vicente e Otávio.

– Jesus! Ainda bem que estão aqui. Parece que estou outra vez em desgraça...

– Larissa... Vem conosco – convidou Vicente.

Em instantes, as paragens se modificavam, como se estivesse sendo transportada à velocidade do pensamento.

– Vão me levar outra vez ao passado? Essa tortura não acaba nunca?

Antes que terminasse a frase, viu Alexandre numa cama de hospital, com pernas e braços amarrados. Uma enfermeira ajeitava-lhe as cobertas.

– Não vemos mais o seu antigo perseguidor. Mas parece que há outros ocupando o seu lugar...

Prestou atenção à cena e conseguiu entender o que se passava. Alexandre apresentava surtos alternados. Mas quando recobrava a lucidez, estando fora do corpo, tinha consciência plena do que estava acontecendo. Em dado momento, abriu os olhos desmesuradamente e vociferou:

– Miserável! Traindo-me pela segunda vez! Eu hei de vingar-me.... Soltem-me!

– Meu Deus! Tirem-me daqui... Não quero ver mais – bradou Larissa, em desespero.

Vicente então falou, em tom grave.

– Minha irmã! Não há como fugir às responsabilidades assumidas. Esse reencontro não estava na programação, mas, desde que rompeu o compromisso com o primeiro esposo, nós, os encarregados do seu progresso espiritual, refizemos sua rota, a fim de que possa aproveitar a dádiva desta existência.

– Mas não é Alexandre que me perturba. Os meus

perseguidores escondem-se nas sombras... Por que não se revelam?

– Preste atenção aos sintomas.

Larissa despertou. Não se recordava do sonho. Procurou seguir a rotina normal do dia. Só na agência vieram-lhe lampejos das cenas vividas no estado de emancipação. A imagem de Alexandre lhe surgia forte diante dos olhos. Sua fisionomia era séria. Mas havia algo mais que a fizera acordar em sobressaltos.

Ao final do expediente, correu para o Vinha de Luz. Mas teria de esperar a hora. Enquanto aguardava, sentiu imensa tristeza no peito. Queria chorar... Mas não podia entregar-se.

– Venha, Larissa. Vamos conversar! – chamou a senhora, com um leve sorriso.

– Ah! Valéria... Começou tudo outra vez. Mãos frias, insônia... E uma tristeza sem fim!

A senhora fez um sinal para uma das médiuns, a fim de que preparasse a sala de intercâmbio. A colaboradora acenou em seguida, abrindo a porta do recinto.

Larissa acomodou-se numa das cadeiras. Valéria iniciou uma prece, acompanhada em pensamento por três médiuns. Minutos depois, um deles entrava em transe.

– Pensou que estivesse livre de mim? Agora somos dois a te perseguir! E não te deixaremos até pôr tudo em pratos limpos... Estou de olho neste novo romance seu. E sei quem ele é!

Larissa sentiu o impacto do reencontro com Daniel, o antigo noivo. Quis responder, mas Valéria pediu que permanecesse em silêncio.

– Seja bem-vindo, irmão! Já esperávamos a sua visita...

– Bem-vindo? Estou aqui porque quero. Ninguém me convidou...

– Mesmo assim é bem-vindo. Vamos conversar um pouco? Que tal falar sobre perdão?

– Pergunte a ela... Ela é quem deve pedir perdão aqui.

– Todos somos devedores da lei. Ninguém está em condições de julgar seu irmão.

– Não estou julgando. Apenas fazendo justiça. Se pensa que será feliz com aquele canalha, vai cair do cavalo. Estou lhe fazendo um favor em avisar. Isso vai acabar mal. Muito mal!

– Por que insistir em vingança? Não vê que o amor triunfa sempre e que o perdão liberta?

– Não falo em vingança. Mas que ela veja bem onde está pisando.

O espírito afastou-se. A médium recompôs-se. Valéria orou outra vez, agora numa prece de agradecimento. Passou a mão na fronte de Larissa e ajudou-a a levantar-se. Em seguida, falou-lhe com calma:

– Não basta amar os que nos amam, minha filha. É preciso amar aqueles que nos perseguem. Não é o que ensina o Divino Mestre? Se seu irmão lhe pede a túnica, dê-lhe também a capa. Se quiser que caminhe mil passos, caminhe dois mil com ele.

Larissa tinha os olhos vermelhos. Uma emoção forte lhe tomara o ser. Sabia que era Daniel quem lhe falara através do médium. Podia mesmo lhe sentir o cheiro e mesmo a expressão do olhar. Mas na sua comunicação não registrou sentimentos de raiva ou vingança. Sua fala tinha mais um tom de advertência... Acompanhou Valéria ao salão e ouviu Júlio em mais uma edificante exposição. Desta vez, sobre os benefícios do Evangelho no Lar.

- O culto do Evangelho no Lar é profilaxia da alma. Da mesma forma que fazemos a higiene do corpo e da casa, a fim de que a imundície não comprometa a saúde dos moradores, a leitura de uma página edificante, em família, é poderoso instrumento de defesa contra visitantes das trevas que anseiam ver a desordem instalar-se no ambiente. Assim, ao menos uma vez na semana, faça a leitura do Evangelho em voz alta. Ore pelos amigos e pelos inimigos...

Ao final, Larissa foi despedir-se do casal, seus amigos. Queria a presença de Valéria e Júlio em sua casa, a fim de inaugurarem o culto do Evangelho.

- Já participamos de algumas reuniões na casa de seus pais. Procure participar também. E não deixe de envolver os filhos. Ainda que eles tenham liberado você dos deveres maternos, eles precisam do seu amor, da sua presença.

- Eu tenho estado com eles, um dia na semana. Eles sabem se virar muito bem. Sirlene passa o tempo quase todo no trabalho. É uma excelente médica veterinária. César, seu namorado, formou-se na mesma turma. O mesmo digo de Breno, que praticamente vive na casa da noiva. Thiago está em Juiz de Fora e só vem para casa uma vez ao mês. Também já namora firme, com Nadine, estudante de Engenharia.

- Ainda assim a sua presença é indispensável. Não deixe de falar com eles, mesmo que pelo celular. Sei que eles buscam muito carinho e colo na casa dos avós, que são nossos amigos e frequentam o centro - falou Valéria, com expressão grave.

Larissa agradeceu o carinho e prometeu redobrar a atenção aos filhos. Após o casamento, acreditava que a vida seria melhor para todos.

XII

AOS PÉS DO ALTAR

LARISSA PASSOU A SEMANA, tensa, mas nada com relação ao casório. A chefe do cerimonial já havia realizado o ensaio com padrinhos e os noivos. A orquestra de câmera também fizera uma passagem geral no som. Os convites, em número reduzido, já haviam sido entregues. Entre os convidados, alguns colegas do banco, da parte de Larissa, e alguns amigos mais próximos de Sérgio.

Na família, muito corre-corre ao cabeleireiro e à costureira. A cobertura fotográfica estava acertada. O serviço de bufê estava assegurado, com os mais diversos cardápios de entrada, jantar e sobremesa. Três *barmen* ficariam à disposição dos convivas, no preparo das diferentes bebidas. Sérgio estava disposto a gastar o que fosse preciso naquela festa, quando receberia sua tia Giordana, residente na Calábria, Itália.

A preocupação era com aqueles sintomas e só conseguia dormir à base de calmantes. No domingo, recebeu os amigos Júlio e Valéria para a reunião do Evangelho no Lar. Participariam também os pais, Emiliano e Lucinda, e a filha Sirlene, com o namorado.

Do celular, acionou o *playlist* do sistema de som, iniciando uma coletânea de músicas clássicas. Pediu a Alzira para que não fossem interrompidos naquela meia hora. Pôs o Evangelho sobre a mesa e também uma jarra com água. Júlio tomou o livro, abrindo-o ao acaso: "Bem-aventurados os aflitos", capítulo V, item 4.

> As vicissitudes da vida são de dois tipos, se se quiser, têm duas fontes bem diversas que importa distinguir: umas têm sua causa na vida presente; outras, fora desta vida. Remontando à fonte dos males terrestres, reconhecer-se-á que muitos são consequência natural do caráter e da conduta dos que passam por eles.
>
> Quantos homens caem por seu próprio erro! Quantos são vítimas de sua imprevidência, de seu orgulho e de sua ambição!
>
> Quantas pessoas arruinadas por falta de ordem, de perseverança, pela má conduta ou por não terem imposto limites a seus desejos!
>
> Quantas uniões infelizes porque são fruto de interesse calculado ou de vaidade, e nas quais o coração não se presta a nada!
>
> Quantas dissenções, querelas funestas poderiam ter sido evitadas com mais moderação e menos suscetibilidade!
>
> Quantas doenças e enfermidades são consequência

da intemperança e dos excessos de todos os gêneros!

Quantos pais são infelizes com seus filhos, porque não combateram suas más tendências no princípio! Por fraqueza ou indiferença, deixaram desenvolver-se neles os germes do orgulho, do egoísmo e da tola vaidade, que ressecam o coração. Depois, colhendo mais tarde o que semearam, espantam-se e afligem-se com sua falta de respeito e ingratidão.

Que todos os que são feridos no coração pelas vicissitudes e as decepções da vida interroguem friamente sua consciência. Que remontem passo a passo à fonte dos males que os afligem e, na maioria das vezes, verão se não podem dizer: Se tivesse feito ou não tivesse feito tal coisa, eu não estaria nesta situação.

A quem então atribuir todas essas aflições senão a si mesmo? Assim, o homem é, num grande número de casos, o artífice de seus próprios infortúnios. Mas em lugar de reconhecê-lo, acha mais simples, menos humilhante para a sua vaidade, acusar a sorte, a Providência, a chance desfavorável, sua má estrela, enquanto sua má estrela está em sua incúria.

Os males dessa natureza forma, seguramente, um notável contingente nas vicissitudes da vida. O homem só as evitará quando trabalhar para seu aprimoramento moral tanto quanto para seu aprimoramento intelectual.

A palavra foi dada aos participantes, que fizeram, cada qual, os seus comentários. Larissa preferiu manter-se em silêncio. Em seguida, Júlio pediu que o acompanhassem, mentalmente, numa oração. Depois, todos se serviram da água fluidificada.[11]

Júlio e Valéria despediram-se, desejando felicidades à família e uma bonita cerimônia de casamento.

Larissa estava mais confiante. Na quarta-feira usaria a licença de gala, por direito. Sérgio também tiraria uns dias de folga. Após a cerimônia e a recepção aos convidados, o casal decidira passar a lua de mel em uma pousada na região serrana de Petrópolis.

Na sexta-feira, 12 de maio, Larissa verificou cada item dos preparativos. Bufê, música, padrinhos, salão de cabeleireiro... Vestido da dama de honra... Alianças! O padre Jorge daria segurança aos noivos nesse momento, com certeza!

Larissa falou ao celular com os filhos. Avisou Marcos de que estaria se casando naquele sábado. Este desejou felicidade aos noivos, sem constrangimentos. Disse ele, calmamente: "A vida seguirá normal, porque continuo sendo pai dos seus filhos".

Nesse instante desejou falar com Breno. Mas o rapaz não estava em casa. Deveria estar com a namorada... Mais tarde, o próprio Breno, profissional na área de audiovisual, ligou para falar que o sistema de som já estava montado. A noite teria muita música e um telão para projeções de imagens digitalizadas.

Mas quando a noite chegou, sentiu outra vez aquele aperto no peito.

---

11 Diz-se da água magnetizada com os fluidos (etéreos) saturados dos sentimentos de boa vontade e amor. Daí a prática de usar-se uma vasilha com água durante as orações, nas atividades doutrinárias do centro espírita e no culto do Evangelho no Lar.

– De novo não! Vou tomar meu comprimido, já. Amanhã tomarei calmantes até a cerimônia... Não quero sentir essa palpitação. Parece que vou sufocar. Esperei tanto por este momento... Nada pode estragar a minha felicidade!

Sérgio entrou com Giordana, recém-chegada da Europa, carregada de presentes. A visitante porém ficaria hospedada na casa dos pais do sobrinho, onde os noivos iriam residir por um tempo.

E o sábado começou cheio de telefonemas. Sirlene buscou a mãe e levou-a ao cabeleireiro. Por volta das 17 horas, a pequena Igreja de Santa Edwiges já estava cercada por carros. Os convidados iam entrando. Os músicos testavam os seus instrumentos. Mais a distância, estacionado, o carro de luxo com a noiva aguardava um toque no celular para aproximar-se.

Minutos depois, o sinal foi dado. E o carro subiu a rampa parando frente às portas da igreja. O motorista, vestindo uniforme e quepe de marinheiro, veio abrir a porta do veículo. Fotógrafos e um cinegrafista vieram para perto, a fim de capturar as melhores imagens.

Os cabelos cacheados davam singular beleza a Larissa, que sempre fora bela, mesmo sem retoques de maquiagem. O véu e grinalda imprimiam-lhe um ar majestático. Quem não a conhecesse, pensaria tratar-se de uma deusa do Olimpo. O longo vestido tomara todo o banco traseiro do automóvel. Ajudada pela assistente do cerimonial, saiu do interior do veículo apoiando-se no braço paterno.

Emiliano sorriu para a filha e tentou acalmá-la.

- Você está linda, meu bem. Nós vamos entrar e sorrir para todo mundo. É a nossa tarde...

- Sim, papai. Vamos sorrir... - respondeu a noiva, já experimentando as primeiras emoções.

Outro sinal, e as portas da igreja se abriram. A marcha nupcial soou. Larissa pisou o tapete vermelho, segurando um ramalhete na mão direita, tendo o braço esquerdo enganchado ao braço do pai. Deram três passos e estancaram. Os convidados voltaram os olhos para a entrada da igreja.

Mais dois passos e Larissa ergueu o olhar, na direção do altar.

- Daniel! - Deu um grito meio surdo, que só o pai ouviu. Balançou nos saltos altos e, não fossem os braços de Emiliano, teria caído. Em vez de Sérgio, Larissa via o noivo que houvera abandonado.

Os convidados interpretavam aquilo como "uma forte emoção". Emiliano pôs a mão sobre a fronte da filha. Orou por alguns segundos. Os músicos repetiam o tema musical, da capo.

Larissa recompôs-se. A cor voltou às suas faces. O pai apertou-lhe a mão fria. Olhou para ela com ternura.

- Filha... Não tenha medo. Eu estou com você!

Mais uns passos, e enfim Larissa chegava ao altar. Sérgio veio ao encontro de Emiliano, que o abraçou, dizendo.

- Agora ela é sua! Cuide bem dela...

Com um sorriso nervoso, Sérgio balançou a cabeça e balbuciou algumas palavras de agradecimento a Emiliano, que se afastou para junto de Lucinda.

O noivo beijou a fronte da noiva e tomou-a do lado oposto. Mais três passos, ambos se curvaram, reverenciando o sacerdote.

O padre abençoou os nubentes e iniciou a cerimônia religiosa, citando uma passagem do Evangelho de Mateus.

- Portanto, quem ouve estas minhas palavras e as pratica é como um homem prudente que construiu a sua casa sobre a rocha. Caiu a chuva, transbordaram os rios, sopraram os ventos e deram contra aquela casa, e ela não caiu, porque tinha seus alicerces na rocha. Mas quem ouve estas minhas palavras e não as pratica é como um insensato que construiu a sua casa sobre a areia. Caiu a chuva, transbordaram os rios, sopraram os ventos e deram contra aquela casa, e ela caiu. E foi grande a sua queda...

De joelhos, diante do altar, Larissa pedia a Deus para que a cerimônia terminasse o quanto antes. O peito arfava e o ar lhe faltava.

Os acordes de Ballade pour Adeline foram a "deixa" para que Sirlene, a dama de honra, entrasse com as alianças, acompanhada dos irmãos, Breno e Thiago.

Padre Jorge iniciou a segunda parte do ritual. Sérgio tomou a mão esquerda da noiva e colocou-lhe o anel, enquanto jurava seu amor. "Na alegria e na tristeza, até que a morte nos separe...".

Larissa tentou repetir o gesto, mas as mãos tremiam.

- Sérgio... Receba esta aliança, em sinal do meu amor...

O reverendo percebeu que a noiva não estava bem. Transpirava demasiadamente.

– ... Na alegria e na tristeza, em todos os momentos da minha vida, amando-te e respeitando-te...

A um sinal do sacerdote, um dos auxiliares veio da sacristia com um copo de água, que Larissa aceitou, agradecida.

Procurando abreviar a cerimônia e com receio de algum incidente, o padre fez a exortação final:

– Em nome da Santa Madre Igreja, eu vos declaro marido e mulher.

A música voltou, com a marcha "Pompa e Circunstância." Os padrinhos, do noivo e da noiva, alternavam-se nos cumprimentos aos recém-casados. A recepção começaria no salão contíguo à Paróquia de Santa Edwiges.

O bufê foi aberto, assim como o American Bar. Os comes e bebes começavam a ser servidos. No telão, imagens do casal, enquanto o DJ comandava a alegria. Músicas dos anos 70 e 80, a pedido dos noivos. Uma hora depois, eram servidos jantar e sobremesa.

Os casais iam para a pista de dança. Os noivos percorriam as mesas para receber os cumprimentos. Depois, uma sessão de fotos defronte ao bolo decorado.

Larissa mostrava cansaço. Auxiliada pela irmã Lea e por Sirlene, desvencilhava-se de algumas peças do vestuário, a fim de respirar melhor.

Em dado momento, a música parou para que o noivo fizesse um breve pronunciamento.

– Agradeço a presença de todos... Espero que aproveitem bem a nossa festa e compartilhem nossa alegria. Larissa está trocando os sapatos de salto alto que a incomodavam. Logo estará aqui com todos nós— disse, arrancando risos e aplausos dos convidados.

Em seguida, o DJ fez tocar uma valsa vienense, e os casais voltaram para a pista.

Na verdade, Larissa estava na sacristia, sendo assistida pelo padre Jorge. O pároco "abençoava" a noiva, com as mãos estendidas sobre sua cabeça, como se lhe aplicasse um passe espiritual. Após benzer-se, padre Jorge falou:

- Minha filha... A Igreja não condena a comunicação com os chamados mortos. Apenas não recomenda... Os mortos falam, comunicam-se com os vivos. E não há como fazê-los calar. Jesus disse que se eles se calassem, até as pedras falariam...

Emiliano e Lucinda dividiam as honras com outros familiares do noivo quando Tatiane apareceu, desesperada.

- Vô... O senhor pode dar uma olhadinha no Breno. Ele parece estranho.

Emiliano já temia por aquilo. O rapaz estava no jardim, na parte externa do salão. Tinha bebido além da conta. Mas a expressão no rosto não era do neto.

- Eu avisei que isso vai acabar mal. Depois não digam que eu não avisei. Mulher que troca de marido como troca de roupa não pode ser feliz.

A voz empastada de quem excedeu na bebida tinha um timbre diferente. Emiliano sentiu que aquele não era Breno. As expressões lembraram outra personalidade. Mesmo assim, tentou agir com naturalidade.

- Todo excesso é prejudicial. Bebeu demasiado,

rapaz. O vô vai levá-lo para casa. Vamos embora... Sua vó não vai gostar de ver você assim. Muito menos sua mãe.

- Eu não sou seu neto! Mas lhe dei um. Sou aquele que sua filha rejeitou! Não me reconhece?

Emiliano empalideceu. Breno estava em transe. E aquele era Daniel, o noivo desprezado.

O espírito balbuciou, resmungou, irritado com os curiosos. Mas os passes aplicados por Emiliano o acalmaram. Antes de afastar-se, murmurou:

- Sogrão... Por quê? Por que teve que ser deste jeito?

Emiliano sentiu imensa compaixão. Era como um punhal entrando no peito.

Breno deu um longo suspiro e, em instantes, dormia nos braços do avô.

XIII

GOLPE

AINDA REPERCUTIA NAS REDES sociais a grande festa dada por Sérgio e Larissa. Mas os incidentes na igreja e no bufê também ensejavam muitos comentários, alguns deles até maldosos.

– Um casamento de fachada! – diziam amigos mais íntimos do noivo. – Esse só pode estar aplicando o golpe do baú.

Corria à boca pequena que o mal-estar repentino da noiva era um presságio ruim.

Enquanto isso, num chalé na montanha, Larissa observava os álbuns postados nas redes sociais. Havia expressão de alegria nos semblantes, mas também de preocupação, principalmente nos olhos de dona Lucinda.

Larissa lamentou a ausência da sua confidente, Jéssica. Mas ela justificara as razões por não comparecer. Em contrapartida, a vinda de Giordana dera um charme especial à festa. Simpática, antes de retornar à Itália, convidara o casal a visitá-la em Catanzaro, para conhecer o castelo que pertencera à família.

- Gostei muito de sua tia. Uma pessoa alegre, divertida e também muito perspicaz - falou Larissa, em conversa íntima com o esposo.

- Mas não deve dar crédito a tudo o que ela diz... - preveniu Sérgio, com expressão grave. - Costuma exagerar nos comentários. *Parle di più. Parle di noi...* - acrescentou, rindo, imitando os modos da senhora.

Exagero ou não, Giordana dera boas pistas dos gostos do sobrinho e também dos seus planos de obter a dupla nacionalidade. Havia alguns anos, dera entrada no processo e aguardava a oportunidade de requerer parte na herança dos avós. "Sérgio é um homem extremamente ambicioso", dissera a tia, em tom de advertência.

Enquanto Sérgio se barbeava, o visor do celular, à cabeceira da cama, piscou algumas vezes, indicando chegada de mensagem. Larissa apanhou o celular e o levou ao esposo.

- Quem insiste tanto em falar com você? Será do escritório? — quis saber Larissa, sem ser deselegante.

- Nem queira saber! Clientes... Clientes!

Desde então, a mesma chamada repetiu-se mais algumas vezes, mas foi ignorada. Larissa não pôde deixar de ver que era um número familiar, mas não conseguira identificar.

Naquela manhã, o casal saiu a caminhar numa das

trilhas abertas na Serra, até o Mirante. No topo, fora construída uma capela com a imagem de Santo Antônio. Uma tradição dizia que os casais que chegassem até lá, teriam a bênção do padroeiro e sorte no casamento. Supersticiosos, pelo sim, pelo não, os nubentes puseram o pé na estrada, acompanhando o guia turístico.

Passados quatro dias na região serrana, o casal voltou à rotina, agora com residência na casa que Sérgio recebera dos pais, como um dos usufrutuários. Ali, apesar da tranquilidade do local, Larissa sentia algo de vazio. Talvez porque não ouvisse mais o burburinho das ruas e o tráfego intenso comum na área central da cidade. Pensou em adotar um dos filhotes de Cherry, a poodle de sua irmã Luana. Um cãozinho poderia fazer a casa mais alegre.

Na última sessão pública no Vinha de Luz, ficara sensibilizada com a exposição sobre os animais, "nossos irmãos mais novos". Confidenciara também com Valéria sobre a "solidão" do lar e sua necessidade de preencher os dias com uma ocupação útil. Além do mais, a boa amiga e conselheira havia sugerido que o casal pensasse em adoção.

– Os filhos são o corolário da felicidade do casal. Mas se os pais não puderem gerar os próprios filhos, poderão adotá-los, já que há muitas crianças esperando ansiosamente por uma família que as tomem por filhos do coração – dissera Valéria. – Aceite os filhos do abandono, essas crianças sem nome, que vêm ao mundo em processo de resgate. Muitas vezes, eles chegam aos nossos lares como o irmão que rejeitamos no passado ou que não permitimos viesse à luz...

Da parte do esposo, nenhum sentimento de frustração por não ter filhos. Sérgio não conhecera a paternidade, mas aquilo era coisa para os tolos, na sua visão. Aprendera com o pai que casamento é "fábrica de problemas" e que filho é investimento a fundo perdido. Agora, aos 36 anos, não conheceria a felicidade de dar um neto aos pais de Larissa, nem aos próprios pais, já falecidos. Materialista ao extremo, poupava cada centavo desde a juventude, a fim de usufruir tudo tranquilamente a partir dos 40 anos.

Com esse raciocínio imediatista, próprio dos epicuristas[12], esperava gozar a taça dos prazeres, até a última gota. Não cria na vida futura, mas também não duvidava. Agia como franco-atirador: "Se houver vida depois da morte, ótimo. Caso contrário, não terei perdido nada", dizia para si mesmo. E com relação a filhos: "Quem precisa deles para ser feliz? Larissa já é mãe de três. E ao que me consta, fez uma laqueadura, de modo que não pode mais conceber", pensava Sérgio, nas suas maquinações egoísticas.

Assim, quase em voz alta, falou consigo mesmo:

– As possibilidades de um filho natural, portanto, são nulas. E se não posso ter um filho fruto do meu sangue, por que aceitaria um filho de outros? Não é justo que joguem, nas minhas costas, a responsabilidade de criá-lo!

O que Sérgio não poderia suspeitar, porém, é

12 Adeptos do epicurismo, escola fundada pelo filósofo grego Epicuro (341-270 a.C.) que proclama o prazer como fim último da existência humana. Doutrina semelhante ao hedonismo.

que, ao seu redor, algumas figuras registravam seus pensamentos.

- Eu sabia que as intenções deste infeliz não eram honestas - comentou Daniel com o parceiro, Capa.

- Não sei ainda por quê... Não simpatizo com esse sujeito. Aliás, ninguém é amigo do Capa! - falou o espírito, zombeteiro, gargalhando. - Mas não custa ver o que ele pretende...

Sérgio dirigia-se para endereço diferente. Os invisíveis seguiram-no até o prédio em região central da cidade. Tinha a senha dos portões e as chaves do apartamento.

Mesmo habituados a bisbilhotar a desgraça e as fraquezas humanas, os espíritos surpreenderam-se com a cena: Sérgio tinha uma amante!

Interessados, os agentes da sombra acompanhavam a conversa dos dois.

- Ainda não concluí a venda. Mas, de qualquer forma, já estamos na posse do imóvel.

- E até quando ficaremos nesta situação? - retrucava a mulher, um tanto nervosa.

- Tenha calma. Estou casado não faz nem dois meses! Não sabemos o que vem pela frente. Ela já fala em adotar uma criança... Acho que para agradar os amigos do centro espírita. Não sei quanto tempo vai durar isso...

Nesse instante, Daniel teve pena de Larissa. Mais uma vez, estava envolvida num relacionamento ruim. Sérgio não a amava. E tampouco amava aquela que era sua amante. Na verdade, amava só a si mesmo. E agora ambos temiam pelo desfecho inesperado do projeto que haviam arquitetado.

Daniel penetrou os pensamentos da mulher e logo registrou o que lhe passava na mente. Insegura, para não perder o parceiro, envolveu-o em carícias, arrastando-o para a cama. Não se prevenira para aquela noite. Mas, se fosse para ele ter um filho, teria o seu também.

Sem saber ao certo o que estava acontecendo, Daniel sentiu-se imobilizado, como se estivesse amarrado. Aquilo fê-lo adormecer lentamente até que esse torpor levou-o à inconsciência. Capa fartava-se dos fluidos animalizados do casal, mas por uma força superior, viu-se arrebatado do quarto.[13]

O que teria acontecido? Conquanto portadores de livre-arbítrio e inteligência, aquelas almas não poderiam impedir os desígnios divinos e a lei do progresso a que todas as criaturas estão sujeitas. Daniel estava agora imantado ao óvulo que em algumas horas seria fecundado.[14]

---

13 Em entrevista ao jornalista André Trigueiro, doutor Jorge Andrea fala sobre o respeito à privacidade que os espíritos devem guardar ante a intimidade dos casais. "O tálamo conjugal é inviolável, para aqueles que se conduzem de modo digno", falou o médico e psiquiatra, autor de vários livros, entre estes *Palingênese, a grande lei*, e, *Forças sexuais da alma*. Doutor Jorge Andrea desencarnou em 2017, perto de comemorar 101 anos.

14 Processo da reencarnação dá-se pelas leis de atração espírito-matéria. Mas a volta do espírito ao corpo é também uma injunção da lei de progresso, Ao lado das reencarnações planejadas, há também aquelas que obedecem a essa lei, sobretudo aos espíritos renitentes ou indolentes.

- Por linhas retas ou tortas, as leis de Deus se processam - ponderou Vicente.[15]

- E quanto ao encapuzado? - interrogou Otávio.

- Por enquanto ainda não compreende o que o atrai para o campo psíquico de Sérgio e de sua amante. Há séculos permanece entre eles pesada dívida e, desde então, tem fugido ao reencontro com a própria consciência. Com relação a Larissa, há marcas profundas, porque Sadako fora sua escrava sexual, como outras tantas que serviam à dinastia Tokugawa, o último xogunato antes de instalar-se o regime imperial no Japão.

---

15 A volta do espírito à vida corpórea pode dar-se de forma planejada, mas esta não é regra geral. Na maioria das vezes, ocorre à revelia do reencarnante. Os espíritos encarregados desse mister promovem a volta do espírito à carne, visando o seu próprio progresso moral.

XIV

REPRODUÇÃO ASSISTIDA

PASSADOS MENOS DE TRINTA dias, Sérgio soube da gravidez da sua amante. Ordenou que fizesse o aborto, mas sua parceira resistiu. Dessa vez estava disposta a ter o filho, custasse o que custasse. Não tanto por convicções religiosas, porque já abortara antes, mas porque sabia que aquele seria um trunfo no relacionamento.

Sérgio irritava-se. Aquela gravidez não estava no projeto. Era preciso achar logo uma solução. Não esperou o café ser servido. Saiu rápido para o trabalho e, de lá, pretextando que faria visita a alguns clientes, rumou para uma clínica de reprodução assistida, a New Life, indicada por amigos do escritório.

Estacionou o veículo e logo era levado à presença do doutor Renzo.

– Sente-se, por favor – falou o médico, ocupado em muitos afazeres. – O material já foi coletado?

- Não ainda. Soube que é possível fazer tudo por aqui.

- Então é preciso marcar uma data, desde que esteja dentro do período fértil da esposa. Nesse dia coletaremos o material genético de vocês.

- Vamos coletar apenas o material de minha esposa.

- Como assim? Uma fecundação in vitro... O embrião não será inseminado? Deseja que lancemos mão do nosso banco de sêmen?

- Exato. Não precisa dizer isso à minha esposa. Ela está impossibilitada de gerar nosso filho... Uma amiga nossa ofereceu o útero. Mas não quero que minha esposa se envolva emocionalmente, entende?

- A pessoa que irá receber o material genético do casal precisa ter algum grau de parentesco - irmã, tia, avó... Excepcionalmente, que seja um gesto altruístico de alguém com forte vínculo afetivo - falou o médico, procurando agir dentro da lei.

- É uma amiga nossa. Mas não queremos envolvimento. Eu deixarei tudo pago.

- Ela terá de assinar um termo autorizando o registro da criança como filha legítima do casal. A minha tarefa é coletar o óvulo mais viável e fecundá-lo. Implantaremos quatro embriões, porque nem todos vingam...

- Não... Não! Apenas um - falou, alterando a voz. Por dentro, riu de si mesmo. Esquecera por instantes de que aquilo tudo seria apenas uma encenação.

Sem entender exatamente as intenções do cliente, o médico pediu que fossem cumpridas algumas exigências protocolares na sala de recepção e também que fosse marcada a data da coleta do material.[16]

No fim do dia, Sérgio chegava ao lar mais angustiado que antes. Queria encaminhar tudo com a máxima brevidade. Larissa falava com a filha ao celular. Beijou a face do esposo e...

- Por que demorou tanto? O jantar já está servido.

- Vou tomar um banho. Serei rápido. Preciso falar com você...

Cerca de uma hora depois, Sérgio entrou no tema que desejava tratar. Sabia que sua palavra precisava ser muito bem empregada, para que sua proposta parecesse convincente.

- Hoje praticamente não trabalhei. Tirei o dia para cuidar da nossa família. Estive visitando alguns abrigos para crianças, essas que ficam sob guarda da Justiça... Um juiz, amigo meu, da Vara da Infância, explicou que as adoções são muito problemáticas. A mãe verdadeira pode requerer o filho de volta, mesmo depois de haver assinado os papéis. É muito difícil... Nem sempre a criança se adapta à nova vida e muitas vezes desobedece aos pais adotivos. Por isso, pensei em contratar uma mulher que possa gerar o nosso filho.

- Barriga de aluguel? Mas nem conversamos direito sobre isso!

---

16 Reprodução assistida ou *in vitro*. A técnica denominada "bebê de proveta", como se tornou conhecida nos anos 80. O material genético coletado - óvulos e espermatozoides - é selecionado e a fecundação monitorada em laboratório. Após a união dos gametas masculino e feminino, formando o embrião, este é levado ao útero materno.

Vendo as expressões de preocupação na face do marido, tentou conciliar as coisas.

- Acho que você está muito desejoso de ser pai... Eu entendo, meu amor - ponderou a esposa, emendando: - Neste caso, posso procurar o meu médico. Ele disse que minha laqueadura nas trompas é reversível.

Sérgio gaguejou, demonstrando o estado confuso da sua mente.

- Não sei... Acho melhor não correr riscos. Você não é mais tão jovem para gerar e...

Sérgio começava a se complicar. Então, arriscou:

- Por que não coletamos alguns óvulos para análise? Eu estive hoje numa dessas clínicas de reprodução assistida. O doutor disse que pode coletar o nosso material genético e, em nove meses, você terá nosso filho nos braços - disse, tentando ser natural. - Sabia que Nicole Kidman e outras estrelas de Hollywood já tiveram filhos assim?

A esposa riu, achando aquilo tudo muito estranho. Mas Sérgio falava sério:

- Só precisamos marcar uma data, dentro do seu período de ovulação... - completou quase em tom de súplica, segurando as mãos da esposa.

Larissa recompôs-se:

- Então devemos fazer isso logo, porque estou no meu período fértil.

- Peça licença médica no banco. Vamos marcar a coleta para esta quinta-feira. Aliás, deveria estar já naquele programa de demissão voluntária. Não quero que nosso filho cresça numa creche. Quero que tenha a mãe por perto dele, sempre...

Larissa beijou o esposo, mas ficou intrigada. Como Sérgio sabia tanto assim de coisas internas na organização? Antes que perguntasse, ele tratou de explicar.

- Tenho falado com Sandro. Há dois loteamentos na mira da Construtora que é nossa parceira. Isso significa que vamos fechar bons negócios nos próximos meses. Isso vai render uma ótima comissão... E você não precisará mais passar cartão e cumprir jornadas fixas de trabalho.

Larissa ficou feliz e preocupada ao mesmo tempo. Parar de trabalhar não estava nas suas metas. De fato, havia um PDV em curso na agência. Jéssica havia comentado a respeito. A ideia de maternidade, súbita, tirou-a desses pensamentos.

- Preciso me arrumar! Com certeza, estaria mais segura se fosse na clínica do doutor Macedo. Foi ele quem fez o parto dos meus três filhos...

- É apenas uma coleta. Mas se conhecer o doutor Renzo, você terá confiança nele.

- O problema é que na última gestação padeci com uma endometriose...[17]

- Mais uma razão para alugar um útero. Serão coletados os óvulos mais saudáveis. Nós pagaremos a moça, tudo certinho...

- A lei não proíbe?

- Proíbe. Ela precisaria ter vínculos de parentesco conosco, como exige a lei. Mas está interessada em ganhar

---

17 Endometriose. Afecção do endométrio, mucosa que reveste o útero. Doença feminina caracterizada pelo crescimento de tecido endometrial fora do útero. Seus principais sintomas são dor pélvica e infertilidade.

um dinheiro. Como alguém ofereceria o útero assim, se não fosse por dinheiro? Precisamos ser discretos e não alardear o fato. Aliás, peço que não comente com ninguém por enquanto...

- Esse mesmo médico fará o pré-natal da moça?

- Não! - respondeu o marido, meio agitado e já entrando em contradições.

- Outro médico fará o pré-natal, justamente para não haver contato. Não será bom estabelecer laços além dos comerciais. Ela assinará um termo de compromisso. Registraremos nosso filho assim que ele nascer. Dessa maneira ficará claro que estamos fazendo um negócio. Cumprimos nossa parte com o dinheiro. Ela cumpre a parte dela gerando nosso filho.

- É uma pena! Gostaria de conhecê-la, mesmo que esta seja uma relação comercial.[18]

Tentando mostrar segurança, Sérgio sorriu e beijou a esposa, mas sem muita emoção.

Larissa retribuiu o beijo, meio encabulada. "Vejo que ele faz questão de um filho biológico, ainda que seja gerado no ventre de outra mulher. Que Deus nos envie um bom filho e que seja a alegria do lar...", pensou.

---

18 Na Ucrânia, antiga república soviética, a barriga de aluguel é legal. Reportagem de Ana Paula Padrão, na TV Band (em dezembro de 2017) mostrou clínica muito bem aparelhada, a Leleko, que oferece total assistência às gestantes e aos casais que contratam os serviços e arcam com as despesas do pré-natal.

XV

REVENDO O PASSADO

NO DIA APRAZADO, QUE levava em conta o ciclo ovular de Larissa, o casal se dirigiu à clínica New Life. O médico conduziu o casal às salas de coleta, que eram contíguas ao centro de reprodução e banco de sêmen. Levemente sedada, Larissa permaneceu numa maca, por cerca de uma hora.

Do outro lado da Vida, no entanto, figura sombria movimentava-se no meio dos geneticistas e profissionais da equipe do doutor Renzo.

- Miserável! - vociferava o espírito. - Ele está forjando esta história para encobrir a gravidez da amante. O sumiço de Daniel começou justamente naquela noite...

Curioso, o espírito intruso quis saber o que faziam aqueles indivíduos paramentados, manipulando frascos, pipetas e lâminas de vidro. Achou tudo muito estranho.

- O que olham tanto através desses aparelhos?[19] Acaso conseguem enxergar mais do que nós podemos ver? Por que há tantos infelizes aí fora?

- Querem reencarnar! Alguns conseguem. Outros não... - respondeu um vulto feminino. - Essa ingrata deseja engravidar. Mas se depender de mim, jamais será mãe! - disse o espírito, mostrando uma cliente.[20]

- Então é isso! - deduziu Capa, espiando os tanques de nitrogênio em baixíssima temperatura. - Daniel foi apanhado nessa armadilha. Esse crápula já levou dois dos nossos. Mas eu vou desmascará-lo - continuou o encapuzado, raivoso.

Daniel já se encontrava em processo de retorno à carne. Seu envoltório reduzira-se à dimensão de poucos centímetros, ao tempo que se acoplava, célula a célula, ao novo corpo em formação no ventre de Jéssica. Sim. Jéssica era amante de Sérgio, desde longa data!

Larissa, enquanto deitada, orava pela mulher que geraria seu filho. Queria ao menos saber o nome para incluí-lo na lista de pessoas assistidas a distância no centro espírita. Sentiu um envolvimento diferente, como se de fato estivesse em processo de gestação. Pensou consigo mesma:

---

19 Microscópios eletrônicos.

20 Rejeitado num aborto cometido em anterior existência, o espírito jurara vingar-se daquela que lhe fechara a porta a uma nova existência. Com os conhecimentos adquiridos no Espaço, interferia no útero da gestante, impedindo que a gravidez se consumasse.

- Curioso. Por que esses enjoos? Isso está me lembrando quando estive grávida dos meus três filhos...

Uma hora depois, estava liberada para repousar em casa. No lar, começou então a meditar sobre tudo o que vira na clínica do doutor Renzo. Como pode uma mulher gerar um filho sem envolver-se emocionalmente? É certo que algumas mulheres vendem seus filhos. Há aquelas que aceitam gerar o filho de outra, por dinheiro. Será ético alguém agir dessa forma?[21]

Pelo celular, manteve breve conversação com os familiares. Combinava o encontro para a ceia de Natal e também a entrega de cestas às crianças apadrinhadas no Vinha de Luz. A campanha do ticket-refeição surtira bons resultados.

Não chegou a ler mais que algumas linhas do livro que a mãe lhe dera e caiu num sono profundo. O corpo entrava em repouso, enquanto o espírito retomava seu estado de liberdade provisória.

- De novo aqui? - exclamou Larissa diante da figura encapuzada ao pé da cama.

- Surpresa por quê? Não sabe que estive o tempo todo a seu lado? Não sei que sortilégios foram usados, mas dois do meu grupo me foram tomados. Agora, que-

---

21 É terminantemente proibido, no Brasil, envolver dinheiro para que uma mulher gere o filho para um casal. A permissão é dada quando uma mulher perde o seu útero devido algum problema e deseja ter um filho. Ou ainda quando existem doenças na mãe, com risco de morte para essa mulher caso engravide. E quando já se fizeram várias tentativas de implantar um embrião na mulher sem sucesso. Em alguns estados amÉricanos, como Califórnia e Flórida, na Tailândia e Índia (menos para casais estrangeiros) essa permissão já existe.

ro saber o paradeiro deles... Sei que seu marido está por trás disso. Mas eu vou desmascará-lo!

Sem que suspeitasse os mecanismos para aquela transformação, as feições de Larissa assumiam traços orientais. O espírito recuou, com medo.

- Sadako!

- Acaso ignora a reencarnação? Quantos séculos pretende permanecer nas sombras, escondendo a própria identidade? Daniel deve estar voltando à carne. É assim que o espírito vive novas experiências e progride para Deus! Quanto a você, por que se mantém estacionário?

- Você continua bela! Já deve saber quem eu sou, não? - retrucou o visitante, tirando o capuz. - Está me reconhecendo agora?

Larissa fixou aquele rosto e os trajes de militar. O capuz, na verdade, era o kabuto, um tipo de capacete usado pelos antigos samurais.

- Nakagima!

Larissa deu um grito e despertou no corpo.

- Calma... Eu estou aqui... - falou Sérgio, que ainda revirava papéis no seu escritório.

- Meu Deus! Que sonho foi esse?

- Você precisa relaxar, meu bem. Eu já lhe disse que esse banco está judiando da sua saúde.

Sem dar muita importância às palavras do esposo, Larissa foi à cozinha, sorveu alguns goles de água fresca. Tentou orar...

- Pai de infinita bondade. Sei das minhas imperfeições e que devo ter errado muito. Mas quero, Senhor, de todo o meu coração, reparar o mal que tenha cometido.

Talvez eu deva mesmo receber um novo filho. Não importa por que meios ele chegue até mim, eu o receberei nos meus braços e hei de amá-lo como tenho amado os três filhos que já me deste nesta vida.

Enquanto o esposo vestia o pijama, Larissa recolheu-se outra vez ao leito.

- Então? - perguntou o esposo.

- O jantar deve ter me pesado. Acho que agora dormirei melhor... - respondeu.

Assim que se desprendeu do corpo, pelo sono físico, Larissa estava de novo em contato com o mundo dos espíritos. Viu o esposo, também liberto da matéria, retornar rapidamente para os negócios em companhia de outros espíritos. Por sua vez, viu-se numa região menos densa, de paragens agradáveis. Não estava só. Virou-se para a comitiva que a amparava e agradeceu.

- Ah! Meus anjos protetores! Até quando tomarei tempo do trabalho e preocupações de vocês?

- Vamos retomar as sessões?

- Sinto que não posso mais fugir do meu passado. As lembranças começam a voltar, cada vez mais fortes. Não bastasse isso, alguns dos personagens estão bem vivos e ainda me atormentam, no estado de vigília e mesmo quando me desligo do corpo.

- Veja quem está aqui...

- Jéssica!

- Eu e você estamos algemadas ao passado - falou a amiga, constrangida.

As palavras não precisavam ser articuladas. A

linguagem entre os espíritos dava-se na velocidade do pensamento.

Nesse instante, Vicente e sua equipe de tarefeiros projetaram algumas cenas do Japão feudal, dominado pela dinastia Tokugawa. Um decreto palaciano acabava de ordenar a morte de um dos seus mais fiéis soldados, com base numa denúncia de um dos seus oficiais. Larissa estremeceu. A capa sobre os ombros, o capuz... Sim. Agora reconhecia a figura que lhe aparecera; Nakagima ou Capa eram o mesmo espírito!

Agora, a cena mostra um palácio às escuras. Uma gueixa surge com um punhal. E naquele vulto Larissa identifica tratar-se de Jéssica, que também assiste a tudo. A jovem vai até o leito onde dorme um dignitário da dinastia e crava-lhe o punhal no abdômen. O crime abriria caminho para que se instaurasse uma longa crise no xogunato, o que levaria também à instauração do regime imperial japonês. O capitão Kenji, que passa a ser um dos homens fortes na corte do Imperador, ordena a prisão de Sumimoto. Dias depois, este é lançado de um penhasco.

A imagem se apaga, e a figura de Sadako surge nas escadarias de um templo xintoísta. Tem uma espada nas mãos. Larissa sabe que é ela mesma e já parece antever o desfecho daquele ritual suicida.[22] Vicente ampara Larissa, que assiste ao gesto infeliz. Aquelas cenas de alguma forma repercutiriam no corpo físico, impressas, ainda que fragmentadas, nas zonas cerebrais de Jéssica e Larissa.

22 Harakiri ou Seppuku. Ritual suicida japonês, entre os guerreiros. Praticado em defesa da própria honra, por esventramento, isto é, o suicida rasga o próprio ventre, a partir do abdômen com punhal.

XVI

RETORNO À CARNE

NA AGÊNCIA DO BANCO Econômico, Larissa é informada que seu nome está na lista dos funcionários inscritos no programa de Demissão Voluntária.

- Como isso é possível? Não estou interessada nesse programa.

- Acho que não deve recusar. É uma proposta interessante, bem mais vantajosa do que uma demissão simples, sem justa causa - pondera Jéssica, sua amiga e confidente, recém-guindada ao cargo de gerente. - Além do mais, as coisas não estão nada bem para o nosso lado.

- Então haverá cortes?

- Dizem que se trata de uma fusão, mas na verdade o novo grupo está assumindo o controle das ações. Sabe como é o mercado de capitais... O mais forte engole o mais fraco. Se eu fosse você, aceitaria sem pensar duas vezes!

- Mesmo assim, não pedirei demissão ou aceitarei qualquer oferta - rebateu a executiva.

No final da noite, assistimos a mais uma cena dos amantes.

- Veja só onde isso foi parar! - esbraveja Sérgio, preocupado.

- Não temos alternativa. Mais uns meses de gestação e não terei como disfarçar esta barriga. E o que vão pensar? Que parti para uma "produção independente"?

- Aliás, eu vi muitas mulheres na clínica do doutor Renzo encomendando embriões. Esse negócio tem-lhe dado muito dinheiro. Sabe quanto custou, para nós, esta brincadeira?

Jéssica não imaginava que as coisas chegassem a tal ponto. Tudo começara um ano antes, quando fora tomada de inveja. Cobiçando o apartamento que seria desocupado por Larissa, convenceu o amante, executivo influente, a participar da transação, da qual poderiam tirar proveito futuro. O que não previra, porém, foi o envolvimento emocional entre Sérgio e Larissa. Esta, de amiga, tornava-se rival, uma pedra no caminho da sua felicidade. Insegura, temendo perder o amado, iniciara uma gestação, que agora estava sendo usada na farsa, a fim de acobertar o relacionamento extraconjugal de Sérgio.[23] Gerar um filho

23 Pela lei brasileira, a mulher escolhida para gerar um filho para um casal deve ser de preferência aquela com parentesco de primeiro ou segundo grau, como mãe, filha, irmã, avó. Caso a mulher que abriga a gestação com material genético do casal que a contratou, recuse entregar a criança, os pais que cederam seu material genético podem recorrer à Justiça para ficar na posse da criança, já que o material genético foi doado por eles. Se o material genético não for pertencente ao casal, a

e entregar à rival? Aquilo seria uma experiência terrível. Estava desesperada...

Na tarde do dia seguinte, uma chamada interrompe a rotina de Larissa.

- Tentamos contato com seu esposo, mas não conseguimos. Por isso, pedi à minha secretária que procurasse você, diretamente. Aqui é o Renzo.

- Algum problema com meus óvulos, doutor?

- Tenho uma excelente notícia para vocês! Não vimos qualquer anormalidade no seu aparelho reprodutor: útero, ovário, trompas... Vi que fez uma laqueadura, mas isso é perfeitamente reversível, porque suas trompas estão saudáveis. Isso se quiser voltar a ser mãe pelo processo natural. No caso de inseminação, peço que venha à clínica o quanto antes.

- Maravilha! Isso será bem mais razoável do que alugar uma barriga! Eu não estava mesmo gostando dessa ideia.

- Um único embrião, como queria seu marido. Mas a inseminação tem de ser feita o quanto antes...

- Pode marcar. Acho que Sérgio ficará feliz! Mas... E quanto à moça?

- Ela esteve em nossa clínica esta manhã, mas não se acha apta para gerar. Ao mesmo tempo, vi nos seus exa-

---

mulher que ofereceu o útero para gestação poderá recusar-se a entregar a criança. Nesses casos o casal que esperava a criança pode pedir reparação na Justiça por frustração da expectativa que eles sofreram. Se o casal que contratou o útero desistir da criança, a gestante poderá pleitear na Justiça uma espécie de pensão mensal para a manutenção desse filho. Ressalvo, entretanto, que modificações poderão surgir, de acordo com a legislação dos países.

mes que a parte hormonal também não apresenta qualquer alteração. O seu útero está perfeito.[24] Você pode perfeitamente gerar essa criança, sem ter que recorrer a uma barriga de aluguel. Que, a bem da verdade, é uma prática criminosa. Pelo menos no Brasil.[25]

– Vou me preparar. Sim... Faremos uma surpresa ao Sérgio!

Vicente e Otávio acompanhavam o trabalho e intuíam os geneticistas na escolha dos gametas masculino e feminino. A fecundação *in vitro* fora bem-sucedida, mesmo porque um espírito já estava ligado ao óvulo recém-fecundado. Capa, ou Nakagima, fora atraído para o novo embrião. Mergulhara num sono profundo, enquanto seu perispírito "encolhia-se", num processo de miniaturização.

Na segunda-feira, Larissa estava na Clínica New Life, acompanhada da mãe, Lucinda, e da filha Sirlene. O trabalho de inseminação teve início sem demora.

– Preparem Larissa para receber o embrião! – exclama Renzo.

– Acho que tivemos êxito – assevera um dos espíritos encarregados da escolha do material genético masculino. O embrião começa a multiplicar-se, em meioses sucessivas.

---

24 Na inseminação, o embrião é colocado diretamente no útero da mulher. No caso em tela, Larissa não apresentava qualquer anomalia no útero e estava apta a gerar.

25 No Brasil, existe a figura jurídica "barriga solidária", decorrente de um gesto altruístico da parte de alguém próximo da família. A Constituição condena qualquer comércio com órgãos humanos. Alugar a barriga, no caso o útero, visando com isso obter vantagem, configura crime.

- Vejam a obra da Criação! Como Deus é infinitamente sábio e bondoso. Por misericórdia, ainda nos dá o esquecimento de nossas existências anteriores. Isso representa um bálsamo para nossas dores. Ao mesmo tempo, é um convite à reconciliação - assinala Otávio, emocionado.

- Veja-se o caso de Daniel. O seu retorno ao corpo é também uma trégua no processo obsessivo sobre Breno - aduziu Vicente, acrescentando: - O corpo em formação que recebeu, segundo os espíritos que zelam na seleção do material genético de cada ser que retorna ao mundo das formas, apresentará configuração sensível no que se refere aos órgãos do aparelho digestivo, especialmente pâncreas e fígado, cuja organização será de baixa tolerância ao álcool.[26]

Uma semana depois, Larissa, acompanhada pela filha, volta à clínica do doutor Renzo, para avaliação.

- Está se desenvolvendo muito bem. Mais uma semana e teremos superado o período crítico - diz o médico. - Costumamos inseminar três e até quatro embriões e muitas vezes nenhum deles vinga. No seu caso, tínhamos um único embrião. Foi por Deus mesmo...

---

26 Em *Ação e reação*, obra psicografada por F. C. Xavier, o espírito André Luiz narra um caso de reencarnação.

XVII

QUANDO O AMOR VAI EMBORA

ESTAMOS EM DEZEMBRO. LARISSA espera anunciar a sua gravidez na ceia de Natal. Queria confidenciar com Jéssica, mas ela entrara de licença-maternidade. Aliás, desejava saber como ia a gestação da amiga. Decidira visitá-la o quanto antes, mas todas as ligações e mensagens acabavam sem retorno.

– Ela não quer fazer alarde da sua gestação. Diz que é uma "produção independente" – falou Sandro, colega de trabalho, retornando com outra pergunta: – E como está Sérgio? Há tempos não aparece por aqui... Desde o casamento, não mais o vi.

– Ele está correndo atrás dos seus negócios. Você nem imagina! Desde que nos casamos, esse homem só fala em ser pai. E agora isso está bem próximo de acontecer – falou Larissa, rindo.

Sandro permaneceu estático.

- Você tem um contato da Jéssica? Eu não consigo falar... Sumiu das redes.

- Ela me ligou não faz muito tempo. Ficará na antiga casa da mãe durante a gestação. Mas parece que ela teve uma complicação. Da última vez, falamos neste número - disse o executivo, mostrando a agenda de contatos no aparelho.

Larissa entranhou o silêncio da amiga e confidente. Imaginou que estivesse envergonhada, preferindo por isso antecipar sua licença-maternidade. Precisaria encontrá-la.

Fez várias chamadas sem sucesso. Até que, por fim, ouviu a voz rouca da amiga.

- Eu estou de licença... Achei melhor ficar em casa. A gestação está um pouco complicada.

- Por que não me contou, fioca?

- No momento não posso receber visitas. Deixa passar esta fase... Estou tratando uma infecção. Fale mais. Vejo que está feliz.

- Sim. Muito! Vou lhe dar uma notícia, mas prometa que não vai cair da cadeira. Eu também estou grávida!

- Como???

Um silêncio no outro lado da linha fez parecer que o sinal tivesse caído. Larissa repetiu mais alto.

- Eu estou grávida! Isto é, acabo de fazer uma inseminação. Sérgio ainda não sabe. É segredo. Vou fazer uma surpresa para ele neste Natal. Quero que você venha passar a ceia conosco. Será na casa da minha mãe.

Por instantes, Jéssica ficou sem resposta. Então, tentando ser natural, ajuntou:

- Eu não estou acreditando. Como conseguiu engravidar?

- Hoje dão jeito para tudo. Sérgio e eu fomos a uma dessas clínicas de reprodução e coletamos nosso material genético. Dois dias depois o médico me chamou para fazer a inseminação. Eu pensei que minha endometriose fosse atrapalhar, mas a gravidez está indo bem. O médico foi muito atencioso com a gente. Mas Sérgio ainda não sabe...

- Por que não? - quis saber Jéssica, já meio nervosa e desconfiada.

- Ele tinha contratado uma mulher para gerar nosso filho. Mas a candidata parece ter desistido. Imagine! Gerar um filho e depois entregá-lo a outra? Eu achei que foi melhor assim.

Jéssica não sabia o que dizer. Para não alongar a conversa, preferiu aceitar o convite para a ceia de Natal.

A voz de Jéssica deixava passar algo de estranho. Larissa imaginou que fosse reflexo da gestação. Deveria estar sofrendo muito. Gerar um filho sem o apoio e a presença paterna devia ser muito difícil.

* * *

NO FINAL DO DIA, Sérgio e Jéssica discutiam de forma ruidosa. Para agravar as coisas, um tumor aparecera num dos exames de rotina da gestante. A biópsia mostrara que era do tipo maligno. O oncologista retirara o primeiro nódulo, mas agora surgira um segundo. A gravidez, no entanto, estava indo bem.

– Evite dar bandeira por aí. Eu quero ver se resolvo o problema do apartamento. Tirarei tudo o que há nele. A venda está próxima de ser concluída. Ainda há muitos objetos do proprietário: tentarei incluir no negócio a baixela de prata. Se o comprador quiser, poderá ficar com tudo, incluindo aquelas armaduras e espadas. O homem era obcecado por arte marcial ou coisa parecida! Encontrei coleções de facas e espadas, de todos os tipos...

– Pelo amor de Deus! Acabe logo com isso. Estou desesperada. Pelo menos sei que este filho será meu. E não vou perdê-lo. É o que me conforta.

Sérgio esfregava as mãos, andando de um lado ao outro na sala do pequeno apartamento. Agora, em vez de uma, tinha duas famílias para sustentar. Na prática, porém, ele é que era sustentado por elas. Como profissionais de carreira, Jéssica e Larissa tinham renda até mesmo superior à sua, que dependia de comissões. E agora, em vez de um filho, seriam dois!

– O imbecil do Renzo acabou me atrapalhando. Acreditou que eu quisesse mesmo ser pai! – resmungou.

Do outro lado da Vida, Vicente e Otávio acompanhavam a cena, preocupados.

– O quadro de culpa feito por Jéssica acabou comprometendo-lhe a saúde. Os erros do passado e os abortos cometidos na atual existência, por ordem de Sérgio, começam a pesar-lhe na consciência... – asseverou o benfeitor espiritual.

– E quanto a Daniel? – argumentou Otávio. – Precisamos acompanhar o pré-natal, para que a gestação não seja interrompida.

- Temos agora também mais um protagonista em cena. Alexandre, em suas escapadas, sob efeito da forte medicação, tem revivido lembranças dolorosas. Em contato com o passado, é atraído em espírito para perto daqueles que também se envolveram nos crimes registrados nos arquivos mais profundos da consciência - continuou Vicente.

Na mesma linha de raciocínio, Otávio observou:

- Esses lampejos de consciência retornam cada vez mais nítidos. Da última vez, Alexandre causou sérios problemas para enfermeiros, médicos e paramédicos. Isso significa que os protagonistas de um drama distante estão prestes a reviver a cena em circunstâncias parecidas.

- Está no arbítrio de cada um, agora, dar um desfecho diferente nesse roteiro marcado pelo ódio. Ontem o amor se ausentou nos seus corações. Que ele possa florescer desta vez. Será um triunfo para estas criaturas e também para todos que pugnam pela paz e a fraternidade neste mundo.

Nesse ínterim, Sérgio organizava, na valise, os contratos, planta, certidões e recibos referentes à transação final de venda do apartamento. O recibo de quitação permitia que o imóvel fosse novamente negociado com a Incorporadora. Pretendia restituir o valor venal à família de Alexandre e, numa operação casada, faria a escritura definitiva em nome do novo comprador, já pelo valor de mercado. Além da comissão de corretor, teria um lucro de cem por cento para a Incorporadora, da qual era um dos sócios. A procuração de Rodolfo, dando a Larissa plenos poderes para negociar o imóvel, estava também na sua pasta. Como eram legalmente casados, talvez a assinatura da esposa nem fosse necessária, pensava.

Quanto a Jéssica, pretendia pôr fim ao relacionamento logo após o nascimento da criança. "Com esse diagnóstico de câncer, talvez isso nem seja preciso", maquinou, sem dissimular os sentimentos. "De repente, a doença poderá levar mãe e filho de uma só vez".

XVIII

NATAL E TRAGÉDIA

A CIDADE SE PREPARA para a grande festa da cristandade. Sérgio acerta os detalhes com o cartório, a fim de selar a venda com os compradores do imóvel no Jardim Universitário logo após as festas. O contrato de compra e venda seria assinado, com escritura já no nome do novo proprietário.

Em seguida, reúne-se com os colegas na Incorporadora, para o tradicional churrasco de final de ano. Um deles pergunta como vão os planos do casal com relação à viagem para a Itália.

– Nunca fui talhado para o casamento. Mas a vida a dois não é tão ruim. Só não esperava que fosse ser pai.

– Que bela notícia! Então vocês conseguiram! Foi através da New Life? Eu tinha certeza de que o doutor Renzo daria um jeito.

Sérgio sorriu meio sem graça, abraçado pelos colegas. Tomou mais uns copos de cerveja e despediu-se.

Seguiu então para o edifício, a fim de passar instruções ao zelador Davi. Após as festas, uma transportadora iria fazer a retirada dos móveis. Pediria liberação do elevador de serviço, que se encontrava em manutenção.

Larissa, por sua vez, decide comprar alguns presentes para a família. Incluiria brinquedos e algumas peças de enxoval para bebês. Está cada vez mais tocada pelos sentimentos sublimes da maternidade. Pensa em Jéssica, cuja gestação vai mais adiantada. Daria à amiga um livro espírita, para que também começasse a abrir os olhos para a realidade do ser imortal

Detém-se diante do presépio que enfeita a entrada do shopping center. O símbolo da manjedoura, com Maria embalando o filho recém-nascido, fá-la emocionar-se. Lembra-se das palestras de Júlio no Vinha de Luz, sobre a vinda de Jesus à Terra. Pensa na amiga Jéssica e naquela notícia de infecção. Seria coisa comum da gravidez?

No destino de casa, vai passando em revista os últimos acontecimentos de sua vida. Ainda não se sente completa. Casara-se de véu e grinalda e, agora, está esperando um novo filho, "a rapa do tacho", como dizia. Nem bem pisa no jardim da casa e é recebida pelas irmãs, Léa e Luana. Elas ajudam a mãe na decoração natalina. Acariciam a barriga da irmã, ainda de volume inalterado.

- Vamos ganhar mais um sobrinho?

- Sim... Se o doutor Renzo estiver certo, em algumas semanas já poderemos conhecer o sexo do bebê.

– Que pensam os irmãos?

– Estão empolgados. Principalmente Breno. Mas eu estou preocupada... Esses três filhos são flores no meu caminho. Não me deram trabalho, quase nenhum. Mas sinto que agora vou colher um espinho.

– Não diga isso – intervém Léa, a irmã mais velha. – Você está pensando besteira! – E acrescentou: – Se Deus lhe enviou esse filho, da forma como aconteceu, sinal que é para o seu bem.

Nesse instante, Alzira traz o celular.

– Rodolfo... – diz ela, sussurrando.

O tremor na voz do rapaz já denunciava que algo não ia bem em Marília.

– Papai teve alta para passar o Natal com a família. Mas ontem à noite ele sumiu de casa. Já comunicamos a polícia. Minha mãe acha que ele pode ter ido para a Capital, porque deu falta de alguns objetos e também de certa quantia em dinheiro.

Larissa estremeceu.

– Ele sabe onde moram os meus pais... Mas até agora não recebemos qualquer visita – respondeu Larissa. – Ele está bem?

– Mais ou menos. Ele tem tido surtos alucinatórios alternados com momentos de consciência. E nesse estado é capaz de convencer qualquer um de que está completamente curado.

– Jesus! Estamos todos celebrando o Natal. Caso apareça por aqui, eu avisarei.

A notícia caíra como uma bomba. "Se esse homem aparece aqui agora?", imaginou Larissa.

Sérgio era outro que estava sumido. Tenta contato nos dois celulares e só acusam "caixa postal". Larissa e os familiares decidem esperar no máximo até as 22 horas. E então dariam início à ceia.

Sérgio não poderia mesmo responder. Depois de estacionar o veículo na garagem do Edifício Esmeralda, tomou o elevador até o sexto andar. Tentou abrir a porta do apartamento, mas, para seu espanto, ouviu o tinir de metais vindo do interior. Olhou para o número sobre o batente para confirmar se aquele era mesmo o 601. Empurrou a porta e...

- Quem é você? - espanta-se diante da figura de um samurai.

- Eu moro aqui.

Sérgio tinha bebido sim, mas não a ponto de ter miragens daquele tipo. Tentou ordenar as ideias. O homem deveria ser Alexandre, o proprietário...

- Eu sou corretor de imóveis. Estou vendendo este apartamento. Aliás, já está vendido. Imagino que você tenha vindo retirar suas coisas, é isso?

Alexandre sorriu, sarcástico, mostrando a espada que tinha na mão atrás das costas.

- Pelo que me consta, eu não vendi este imóvel. E se foi vendido, isso só pode ter ocorrido sem minha autorização.

Sérgio recuou, percebendo os esgares de ódio no semblante do seu interlocutor.

- Não se recorda de mim, capitão Kenji?

Sérgio fixou o olhar naquele homem, de espada em punho. Ficou confuso. Por um momento pensou estar também vivendo noutro tempo e em outro lugar.

- Não sei. Ainda mais com essa roupa de...

- Sumimoto! Aquele que você jogou do penhasco. Lembra-se?

Sérgio não compreendeu nada. Mas percebeu logo que não deveria discutir com um louco. Correu para a porta e tentou os elevadores, acionando os botões.

- Está fugindo agora? - gritou o samurai.

Imaginando que estivesse sendo seguido, quis evadir-se pelas escadas. Então viu o elevador de serviço. Puxou a porta e deu um passo no vazio. Tentou agarrar-se aos cabos de aço, mas não suportou o próprio peso. Um grito ecoou, interrompido pelo som abafado da queda.

Alexandre recobrou a lucidez. Era sempre assim. Nos seus surtos, assumia a personalidade de ulterior existência, vivenciando outra vez o drama que ainda o perturbava. Nesse estado, via-se rodeado por antigos desafetos, que pareciam zombar do seu estado de loucura. Passada a crise, aquelas figuras sinistras se afastavam, dando-lhe um pouco de trégua e paz ao coração.

Vicente e Otávio nada puderam fazer. Porque naquele momento se cumpriam mecanismos de uma lei superior. Quando o amor vai embora, e o homem age sob o guante do ódio e do egoísmo, algema a própria alma e se torna escravo de si mesmo, até que decida perdoar e perdoar-se.

* * *

A HARPA DE LUÍS Bordon mantinha vivo o espírito natalino. Os rapazes e suas namoradas divertiam-se junto à caixa de isopor com gelo, forrada de refrigerantes e champanhes. Larissa e as irmãs levavam os pratos para a mesa. Saladas, massas, frango, peru e pernil assados, tudo pronto!

Larissa tentou ainda mais um contato no celular do esposo. Sem resposta. O que teria ocorrido?

Emiliano fez um gesto, e Breno fez tocar "Noite Feliz". Isso bastou para que o silêncio se fizesse e todos viessem para junto da mesa. Tirou do bolso do paletó uma mensagem e iniciou a leitura:

– Recordamos nesta noite o grande evento da Humanidade, que abalou as autoridades judaicas e os potentados romanos. A lembrança do nascimento do menino Jesus, em humilde estrebaria, é o símbolo da mais alta realeza que já esteve na Terra... O Natal é capaz de tocar os corações mais duros e modificar a psicosfera terrena, tal o magnetismo e a força do nome Jesus...

Encerrada a prece, Breno e Tatiane fizeram o comunicado oficial de que haviam iniciado uma vida a dois. A partir de janeiro, estariam recebendo os amigos no seu novo endereço. O grupo aplaudiu, enquanto o irmão Thiago estourava a primeira champanhe da noite.

O burburinho no rancho começou com tinir de copos e talheres. Alzira, que viera ajudar na casa dos pais de Larissa, fez um gesto, mostrando o celular tocando.

Larissa atendeu, com voz trêmula. A mãe aproximou-se e observou a palidez no rosto da filha. Desligou o aparelho e deixou-se cair sobre o sofá da sala.

– Fale, minha filha. O que está acontecendo...

Larissa não consegue falar. Cobre o rosto e clama:

– Meu Deus! Por que, meu Deus? Por quê?

Nesse momento vêm à mente as palavras de Valéria: "Ninguém poderá conhecer a felicidade plena neste mundo. Porque aqui nos encontramos todos em processo de expiação, salvo raras exceções. Até que o amor volte aos corações dos quais se ausentou... É da lei!"

Lucinda senta-se a seu lado e deixa que a filha derrame as lágrimas no seu peito. Emiliano vem para perto. Sabe que a notícia é grave.

Retomando as forças, Larissa diz soluçando:

- Precisamos ir ao distrito policial. Uma tragédia, mamãe! Uma tragédia! Ainda não se sabe se foi acidente ou suicídio. Sérgio foi encontrado morto. Deus nos dê forças nesta hora!

A ceia natalina continua, sem que as pessoas saibam do ocorrido. Larissa e o pai, Emiliano, vão à 4ª Delegacia de Polícia, onde está sendo lavrado o boletim de ocorrência. Os boatos começam a espocar aqui e ali. Ninguém sabe ao certo o que aconteceu.

O delegado encaminha pai e filha à mesa do escrivão, que lhes entrega uma cópia do boletim, elaborado com ajuda da testemunha Davi Domingues, zelador do edifício:

Lesões corporais seguidas de morte. Rua Humaitá, 135 - Jardim Universitário. Edifício Esmeralda. Por volta das 19 horas de hoje (24), a testemunha diz ter ouvido um forte ruído vindo do pátio interno do edifício. Ao examinar o elevador de serviços, em manutenção no andar térreo, deparou-se com o corpo da vítima dentro dele, o que leva a crer tenha sido através de queda no poço, trespassando o teto do elevador.

No Instituto Médico Legal, para onde o corpo fora conduzido, a perícia estava concluída: morte por traumatismo craniano e hemorragia interna. Larissa e Emiliano fizeram o reconhecimento do corpo. Agora, deveriam aguardar as investigações, porque seriam examinados os conteúdos nas câmeras de vídeo instaladas na portaria e nos corredores. A hipótese de latrocínio estava descartada, porquanto não havia sinais de arrombamento no imóvel e o carro da vítima continuava no estacionamento. A polícia trabalhava com a hipótese de acidente.

Enquanto isso, do outro lado da Vida, Vicente e Otávio observavam os acontecimentos. Por intercessão de espíritos familiares, uma equipe socorrista auxiliava no trabalho de desligamento do espírito, que ainda se mantinha preso aos liames físicos.

– Mais um capítulo na trajetória de dores desse irmão. Ao menos não se pode imputar a ele a pecha de suicida, uma vez que não tivera intenção de se matar. Mas poucos créditos está levando consigo desta existência, vivida quase exclusivamente para a satisfação das próprias vaidades e pela busca da fortuna e bens materiais.

Larissa e o pai chegaram ao condomínio da Rua Humaitá. Na portaria ainda havia intensa movimentação de peritos e viaturas da Polícia Civil. Até uma emissora de TV. Davi, o zelador, prestava informações. A repórter "fechava" a matéria:

"Segundo o delegado Adhemar Cherubini, responsável pelas investigações, sua equipe vai analisar as imagens de vídeo para conhecer as circunstâncias do acidente que matou o empresário e corretor de imóveis Sérgio Castro Moura. Joana Távora, para o Jornal Regional Segunda Edição."

- Dona Larissa! - falou Davi, meio desconcertado, vindo ao encontro da ex-moradora.

- Alexandre esteve aqui hoje? - perguntou logo, preocupada com os desdobramentos.

- Um funcionário diz que ele esteve aqui durante a tarde. Cumprimentou a todos e dizia que viera passar o Natal. Por volta das 19 horas, deixou o edifício dizendo que iria caminhar no campus da Universidade. Ninguém o barrou, porque ele era conhecido. Além do mais, tinha as chaves do apartamento.

—Temos de nos apressar, minha filha. Avise sua mãe. E também a família de Alexandre - falou Emiliano, apreensivo.

XIX

FIM DA FARSA

NO DIA SEGUINTE, AS vias públicas da maior cidade do Brasil estão tranquilas. O tráfego, leve. Os telejornais mostram as rodovias tomadas por veículos em direção ao interior ou ao litoral. Outra notícia, no entanto, chama mais a atenção de Jéssica, que tenta repousar um pouco diante da televisão: a morte do empresário Sérgio Castro Moura, por acidente, num condomínio de luxo no Jardim Universitário.

Jéssica solta um grito, agarrando-se nos próprios cabelos. Aquilo não poderia ser verdade. Pega o celular, com as mãos trêmulas, e tenta o número do amante. Depois, tenta as redes, na busca de informação. Teria sido de fato um acidente? Jéssica entra em desespero. Teme pelo próprio filho, tal o seu descontrole emocional.

– Não consigo falar com ninguém. Tá todo mundo viajando! – pensa, já com muito medo. – Não posso falar com Lári. Isso poderá levantar suspeitas... - raciocina, um tanto alterada.

Chama por Érica, a enfermeira e amiga. Precisa de ajuda. E então é aconselhada a esperar até que se tenha mais notícias. E elas chegam através de Sandro, que está arrasado com a morte do amigo.

- O sepultamento será às 16 horas, no Redentor... Estou bobo até agora. Não consigo acreditar!

Para Larissa, felizmente, uma notícia tranquilizadora vem de Rodolfo, informando que o pai está em segurança.

- Alexandre deverá prestar depoimentos ao doutor Cherubini na primeira quarta-feira, após as festas natalinas, para instruir o inquérito policial - disse o rapaz.

- Deus meu! Não fosse a assistência que tenho recebido, eu teria sucumbido... - exclama Larissa, em lágrimas.

Dois irmãos de Sérgio, consternados, tomavam as providências com relação ao velório. Havia revolta também. Um deles falava em processar a empresa responsável pela manutenção dos elevadores. Até então não havia qualquer indício de falha na segurança, já que em todos os andares, na porta do elevador, fora colocado o aviso "Em manutenção".

No final da tarde, Emiliano dirigiu algumas palavras aos que acompanhavam a cerimônia fúnebre em cemitério da Capital.

- Foi pouco o tempo de convivência, mas o suficiente para compreender que Sérgio tinha vínculos profundos com nossa família. Lamentamos profundamente a sua partida, antes mesmo que pudéssemos nos tornar mais próximos. Sei que tinha projetos a realizar, ao lado de nossa filha, e também planejava filhos... Oremos por este irmão, a fim de que a Misericórdia Divina lhe seja propícia, considerando o bem que pôde fazer em favor do seu semelhante. Que sua alma seja acolhida e amparada na Vida Maior...

Larissa tinha o coração apertado. Mas não conseguia derramar uma lágrima. Um sentimento ambíguo povoava o seu íntimo. Um misto de compaixão e raiva. Não sabia explicar o que se passava. Procurou orar e organizar os pensamentos. Levantou os olhos e divisou no meio do cortejo a figura de Jéssica. Um tanto desconcertada, ela veio ao seu encontro.

— Lári... - e desabou num pranto doído, agarrada aos braços da amiga. Quem visse a cena, imaginaria que ela era a viúva.

Jéssica conteve as lágrimas. Mas não conseguia pronunciar palavras. Permaneceu mais alguns instantes abraçada à amiga. E despediu-se, sem dizer nada.

A lápide foi fechada, com as últimas flores depositadas no jazigo da família Castro Moura. O cortejo dispersou-se.

À noite, no Vinha de Luz, Júlio e Valéria preparavam a habitual reunião das quintas-feiras, de intercâmbio mediúnico. Larissa repousava em casa, porque as emoções dos últimos dias haviam sido intensas... Temia pôr em risco a gestação, tendo por isso se ausentado das atividades doutrinárias. Pensou em Jéssica, e o coração confrangeu-se ainda mais. Parecia sofrer a partida de Sérgio mais do que ela mesma.

Recolheu-se em pensamentos. O carinho dos pais e o apoio moral que recebia dos filhos davam-lhe forças para suportar o golpe. Até Marcos viera emprestar sua solidariedade naquele momento difícil. O antigo companheiro, agora aparentando mais idade, não lhe fez censura. Ao contrário, ofereceu a casa, se precisasse de um novo lar.

Passando na lembrança os diálogos que mantivera com a família do esposo, começou a ligar alguns fatos. Como lhe confidenciara um dos cunhados, Sérgio nunca tivera planos de casar-se ou ter filhos. Ficara surpreso quando soube que o irmão estava tentando a paternidade.

"O que explicaria então aquela vontade repentina em gerar um filho, arriscando-se numa prática criminosa como o aluguel de útero?", pensava Larissa. O pensamento voltou-se então para Jéssica. "Seus olhos queriam me dizer algo, mas não teve coragem de dizer..."

Orou em favor da amiga, rogando a proteção do Altíssimo em seu favor. Adormeceu ali mesmo, no sofá da sala, na casa da mãe. Tão logo desprendeu-se do corpo, deparou-se com Vicente e Otávio, observando-a.

- Oh! Vocês! Sabiam de tudo, não? Poderiam ter-me poupado... — falou, chorosa, indo ao encontro dos benfeitores.

- Nem tudo nos é permitido, minha irmã. Há que se respeitar o arbítrio de cada um. Sérgio poderia ter saldado seus débitos de outra forma, mas ainda é escravo das paixões ilusórias desse mundo. Mesmo assim, sua saída do plano físico foi-lhe providencial, evitando que agravasse ainda mais a dívida que contraiu - assinalou Vicente.

- E quanto a Alexandre? - quis saber Larissa.

- O reencontro com o antigo rival serviu de providencial catarse, liberando-o de lembranças dolorosas. Mas não pode ser responsabilizado pela morte de Sérgio. Ao se vestir nos trajes de samurai, apenas dava vazão às próprias reminiscências. Os lances circunstanciais que levaram vítima e algoz a se reencontrarem, estes obedeceram a leis inexoráveis que nos fazem herdeiros das próprias ações.

- Em pouco tempo, Jéssica estará também deste lado. Seu tempo na Terra está terminando. Mas caberá a você fazer com que ela venha para cá em condições melhores.

Nesse instante, Larissa viu-se transportada à casa onde Jéssica se encontrava, ainda presa ao leito. Padecia dores agudas do câncer que lhe rasgava as entranhas. Entrando no sexto mês de gestação, chorava amargamente aqueles acontecimentos. A morte de Sérgio, a decepção amorosa, a gestação de um filho que não veria crescer junto de si, tudo aquilo lhe martirizava o coração. Além do arrependimento dos próprios atos.

Autoexplicativa, a cena permitiu que Larissa penetrasse os pensamentos mais íntimos da amiga. Compadeceu-se dela. Em espírito, tinha ciência do que ocorria. No corpo físico, ao despertar, guardaria apenas vaga lembrança do que imaginava ter sido apenas um sonho.

Acordou com a voz da mãe, Lucinda:

- Filha... Eu e seu pai queremos que fique conosco estes dias. Até que tudo possa voltar ao normal. Sirlene e o namorado estiveram aqui para vê-la, mas preferiram não importuná-la, já que dormia pesadamente...

XX

JÉSSICA

AS COISAS COMEÇAVAM A voltar ao normal. Larissa retomava as funções no banco e reassumia suas tarefas. Logo na primeira parte do expediente, o celular iluminou o display, mostrando a mensagem. "Estarei de licença até julho. Quando puder, peço que venha me visitar. Anote o meu endereço. Jess."

Certamente iria vê-la. Tinha a sensação de que estivera com a amiga. Era capaz de descrever a roupa que usava... O cabelo preso. A barriga já dilatada. A rotina na agência não mudara muito. Sandro, que era próximo de Sérgio, veio à mesa de Larissa para dar-lhe um abraço.

– Estamos muito tristes com tudo isso. Ajudaremos no que for preciso. Como sabe, nós éramos amigos.

– Sim. Foi por seu intermédio que vim a conhecer o meu marido. E as coisas então aconteceram muito rapidamente. Talvez você o tenha conhecido muito mais a fundo do que eu mesma...

- Ah... Serjão e eu praticamente começamos juntos no banco. Até que ele decidiu partir para o ramo imobiliário. Sérgio e Jess eram meus amigos.

Larissa sentiu um baque. Era como se uma luz clareasse o céu de nuvens espessas. Começou a ligar as pontas do novelo, mal registrando o que o colega falava. Aquela história de produção independente batia exatamente com aquela outra história fantasiosa de barriga de aluguel. A insistência para que participasse do programa de demissão voluntária também tinha algo de estranho.

- Sandro... Diga-me, sinceramente, o que mais sabe sobre Sérgio e Jéssica. Pode dizer, meu amigo, porque não pretendo aumentar o sofrimento de ninguém.

O homem gaguejou. Tentou ser discreto, mas aos poucos foi deixando surgir a verdade.

- No passado, eles foram namorados. Mas isso foi há muito tempo.

- Hoje eu estarei com Jéssica. Começo a suspeitar de que ela está grávida de Sérgio. Assim como eu estou...

Sandro arregalou os olhos, tomado de surpresa. Mas não negou a possibilidade.

- Peço sua discrição. Precisamos ajudar Jéssica a atravessar esta gestação. É importante que ela não interrompa a gravidez, nem cometa qualquer outra loucura. Imagino que esteja em desespero. Por favor, conto com sua ajuda.

Do outro lado da Vida, Vicente observava a reação

da sua tutelada.

- O ódio e o amor caminham muito próximos - assinalou a veneranda entidade da Colônia Simeão e mentor espiritual no Centro Espírita Vinha de Luz. - Larissa sabe, de alguma forma, que ainda acolherá nos braços, no momento preciso, a criança que Jéssica carrega no ventre.

Antes que deixasse a sala, Sandro, meio indeciso, falou:

- Ah... Preciso lhe entregar umas coisas que estavam no escritório do Sérgio. Um dos diretores da Incorporadora esteve aqui e entregou esta pasta.

Larissa reconheceu de pronto aquela valise, na qual estavam planta, contratos e documentos diversos relativos ao imóvel da Rua Humaitá, no Jardim Universitário. Algumas vias já estavam rubricadas por Sérgio e o futuro comprador. O espaço para assinatura dos vendedores, com os nomes de Rodolfo Figueiredo ou por sua representante Larissa Albuquerque Cintra Moura, ainda estava em branco. Fechou a valise. Meneou a cabeça e agradeceu a atenção de Sandro.

Ao final do dia, seguiu para o endereço registrado no GPS. Nos nove quilômetros a percorrer, orou enquanto dirigia. Logo reconheceu a casa de dona Laura, a já falecida mãe de Jéssica. Contemplou as rosas no jardim. Antes que tocasse a campainha, Érica, a enfermeira, veio abrir-lhe o portão.

- Já estava te esperando. Entre. Ela está dormindo agora. Por causa do remédio. Morfina!

Larissa disfarçou o susto. Não pensava que o caso

fosse tão grave. Adentrou a casa e viu Jéssica dormindo no sofá da sala, com a cabeça acomodada em dois travesseiros.

- Ela reclamou muito de dores nas costas... Por isso, veio para o sofá - falou a assistente, baixinho.

- Deve ser por conta da barriga... Não?

- Talvez. O médico marcou novas sessões de quimioterapia, assim que estiver recuperada dessa gripe.

Larissa apiedou-se da amiga. Mas não deveria mostrar fraqueza. Sentou-se numa das poltronas e observou o sono de Jéssica. Fez uma prece e rogou auxílio dos amigos espirituais. Nesse momento, sentiu o envolvimento característico, no alto da cabeça, como se uma corrente elétrica lhe percorresse o corpo. Certamente, a assistência dos bons espíritos se fazia presente. Pensou em aplicar um passe na amiga que dormia, mas não sabia como proceder. Habituara-se a receber ajuda e, agora, estava no papel inverso, o de prestar ajuda.

Sentiu calor nas mãos e o desejo de aliviar o sofrimento de Jéssica. Direcionou as mãos sobre a cabeça da paciente e orou. Sentiu que algo emanava de si. Ao mesmo tempo, fez movimentos longitudinais, da cabeça para o tronco, como se suas mãos obedecessem a outras mãos, invisíveis. Em dado instante, notou que orava em voz alta.

- Graças, meu Deus, pela ajuda. Que minha amiga possa recuperar as próprias forças, mesmo na enfermidade, preservando assim a vida do seu filho...

Nesse instante, forte emoção dominou-lhe o peito. Lembrou-se que também carregava um filho no ventre.

– A senhora aceita uma xícara de chá... Um copo de água?

– Sim. Um copo d'água, por favor.

Nesse instante, Jéssica fez um movimento. Abriu os olhos e, levantando a cabeça, cumprimentou a amiga.

– Ei! Por que não me acordou? – murmurou, no seu jeito espontâneo.

Larissa sorriu e beijou a fronte da amiga.

– Trouxe uns presentinhos para você. Estavam comigo desde o Natal... – falou a visitante, ajudando a paciente a reerguer-se.

Jéssica foi logo mostrando a barriga. Pegou a mão da amiga e colocou-a sobre o próprio ventre.

– Sentiu? Ele está se mexendo... Não para de se mexer!

– Para quando vem?

– Fim de junho ou, no mais tardar, na primeira semana de julho. Mas se for preciso, faremos uma cesárea... – completou Jéssica, com semblante sério. E acrescentou: – Meu medo é que a quimioterapia possa afetar meu bebê.

Nesse momento, Érica depositava, na pequena mesa de centro, uma jarra com água e dois copos. Jéssica então falou:

– Érica... Pegue para mim aquela sacola que está sobre a cômoda...

E voltando-se para Larissa:

– É uma lembrancinha!

Larissa abriu a sacola e retirou a pequena peça de enxoval para recém-nascido. Um macacãozinho na cor rosa.

– Como sabe que é uma menina? Pois veja isto que eu lhe trouxe...

No pacote, um macacãozinho azul. As duas riram.

Jéssica ergueu os olhos para Larissa e não conteve o pranto. Abraçou a amiga e chorou copiosamente. Érica observava a distância. Depois, afastou-se para a cozinha, para ocultar as lágrimas.

Larissa esperou que a amiga esvaziasse o peito.

– Chora... Chora tudo que tem de chorar. Eu não estou aqui para julgar ou censurar. Estou aqui como sua amiga.

Ao ouvir aquelas palavras, que lhe caíam como um bálsamo, Jéssica abriu nova comporta de lágrimas.

Recuperando-se da catarse emocional, falou então, em tom grave:

– Lári... Se eu não puder criar este filho, eu peço que você cuide dele por mim. Eu...

Larissa enxugou o rosto da amiga e deu-lhe um copo d'água, tentando mudar o rumo da conversa. Mas Jéssica continuou, resoluta.

– Estou falando sério. Eu acho que não vou durar muito. Meu câncer é severo. Do mesmo tipo que levou minha mãe. Sérgio queria que eu gerasse esse filho para você. Não porque o quisesse... Acho que nunca quis ser pai, na verdade...

– Não vamos falar disso. Você precisa cuidar da saúde. E também do seu bebê...

– Algo me diz que este filho veio ao mundo para ser seu. Eu o estou gerando para você, Lári...

Larissa emocionou-se outra vez. Abraçou a amiga e assim permaneceu por mais alguns instantes. Foi preciso que Érica interviesse, trazendo o comprimido da noite. Larissa prometeu retornar no fim de semana.

Ao deixar a casa de Jéssica, sentiu o peito leve. Sorriu para as flores do jardim. Agradeceu o carinho de Érica e seguiu para a casa dos pais. Depois veria o filho Breno e sua nora, Tatiane. No domingo, queria reunir a família no apartamento de Marcos, onde estavam Thiago e Sirlene. Queria falar com todos.

XXI

NASCIMENTO E MORTE

VICENTE E OTÁVIO ACOMPANHAVAM o desenrolar dos acontecimentos. Jéssica não suportaria mais tempo o processo de enfermidade que lhe consumia as forças. Para preservar a vida do bebê, era preciso empenho tanto da medicina terrena quanto da medicina espiritual. Para isso, atuariam no sentido de abreviar o nascimento da criança, ainda que fosse prematura.

Jéssica perdia peso a olhos vistos. Os efeitos colaterais da quimioterapia, por sua vez, eram desastrosos para a gestante. Vômitos constantes e baixa resistência às doenças oportunistas impediam sua recuperação. Tinha feridas nos lábios, já ressecados, e os resfriados eram comuns.

Os familiares não pareciam muito preocupados, porque não eram muito unidos. O único irmão de Jéssica vivia no exterior e comunicava-se muito raramente. O pai, após dois anos na viuvez, havia iniciado um segundo relacionamento, e, desde então, a relação com a filha tinha se reduzido a poucos telefonemas. Não fosse por Érica, uma antiga amiga que já havia cuidado de sua mãe, Jéssica talvez estivesse desamparada.

Larissa continuava visitando a amiga. Mas tinha também que cuidar da própria gravidez. Temia um aborto espontâneo. Tinha enjoos constantes e, algumas vezes, sentia certa repulsa pelo filho que levava no ventre. Nessas horas, procurava orar e também buscar refazimento na casa espírita. As palestras lhe faziam grande bem. Ao mesmo tempo, pedia ao grupo de Júlio e Valéria que fizesse vibrações por Jéssica. Esperava que ela retomasse as funções na gerência do banco, mas essa possibilidade tornava-se cada vez mais remota.

Entretanto, numa tarde de quinta-feira, Jéssica apareceu no seu local de trabalho, acompanhada de Érica. Cumprimentou os colegas e em seguida dirigiu-se ao Departamento de Recursos Humanos para uma perícia médica. Conhecedora dos benefícios garantidos em lei, daria entrada solicitando o prêmio do seguro de vida, o que a lei garante a pacientes terminais. Em seguida, voltou para despedir-se dos amigos e de Larissa.

– Estou indo agora à sede administrativa. Devo sacar o prêmio do seguro de vida e tomarei outras providências do seguro funeral.

Larissa assentiu, sem contrariar os desejos da amiga. Acompanhou-a pela agência e depois até o estacionamento. Na despedida, Jéssica agradeceu:

– Eu e Érica temos lido o livro que deixou em casa.

As leituras estão me fazendo grande bem. Ore por mim. A qualquer hora posso entrar em trabalho de parto - falou meio rindo, enquanto acomodava o cinto de segurança no banco traseiro do veículo.

Depois que a amiga se foi, Larissa sentiu o peito apertar. Parecia que aquela tinha sido a última vez que a via. Naquele dia, os pensamentos foram todos para Jéssica.

Ainda meditava nos acontecimentos quando Lucinda veio tirá-la daquele estado de total introspecção.

- Filha... Sei que tem vivido fortes emoções. Já está na hora de diminuir o ritmo. Sua gestação requer cuidados... seu pai virá lhe aplicar uns passes.

- Ah... Mamãe! Realmente, estou precisando de muito colo.

- Valéria e Júlio querem te ver também. Nas vibrações da última quinta-feira, tivemos informações sobre Sérgio. Alguém falou em seu nome, já que ele ainda não está no controle das emoções. Segundo Valéria, nosso irmão tem se mostrado rebelde.

Larissa quedou-se pensativa. Por instantes, sentiu raiva do esposo, mas esse sentimento se dissipou, ao ouvir as palavras da mãe.

- O espírito, que se identificou como Jerônimo, pediu que orássemos...

- Jerônimo? Sérgio comentou certa vez sobre um tio com esse nome, que fora seu padrinho.

- Pois então... Ele contou que Sérgio ainda resiste em aceitar os fatos.

Lucinda continuou:

- Ouvimos ainda nosso mentor espiritual falar sobre

a bênção da reencarnação. Destacou a maternidade como missão sagrada, porque enseja a volta do espírito à vida corpórea, a fim de passar pelas necessárias recapitulações...

- Mamãe! Algo me diz que Daniel está voltando. Não sei se através da maternidade de Jéssica ou se por mim mesma.

- Sim, minha filha. Só Deus sabe os laços que nos ligam uns aos outros. Nestas horas, vemos o quanto o Criador é bom!

O expediente naquela manhã era dos mais movimentados na agência. Larissa ainda participava de uma reunião com a nova gerência quando o celular vibrou. A mensagem de Érica era curta. "Jéssica está internada. Pode entrar em cirurgia ainda hoje. Hospital e Maternidade Vera Cruz, quarto 202."

Larissa não quis esperar. Desculpou-se com os colegas e pediu licença para sair. Tomou um táxi rumo ao Vera Cruz. Na capela do Hospital, encontrou Érica com olhos vermelhos.

- Ela está muito mal. Resolvemos trazê-la para cá, conforme recomendação do oncologista. Como não há contrações, o médico acha melhor fazer a cesárea. Mas ela pode não aguentar.

Quase ao final da tarde, Larissa conseguiu falar com o doutor Navarrete. Sua expressão era de preocupação.

- O nível das plaquetas no sangue está muito alto. O que significa alto risco de infecção. As sessões de quimioterapia estão suspensas, porque já não se mostram eficazes. O câncer evoluiu e contaminou outros órgãos. Uma metástase parcial.

Larissa empalideceu.

- Ela está consciente?

- Seu estado é de pré-coma. Foi levada à sala de emergência. Mas se quiser vê-la, antes da cirurgia, vá agora... - falou o jovem médico, meio apressado.

Érica pegou Larissa pela mão e conduziu-a para o corredor que dava acesso à sala de UTI.

Jéssica respirava com ajuda de equipamentos e recebia soro. Larissa tocou-lhe o braço fino, com marcas das picadas de agulha. Pousou a mão na sua fronte, suavemente. Fechou os olhos, em prece. Que os amigos espirituais a assistissem naquele transe difícil. Sentiu então, outra vez, aquele calor na ponta dos dedos. Era como se um campo magnético se formasse entre as palmas das mãos. Moveu os braços, lentamente, da cabeça para o tronco. À altura do ventre, percebeu que as energias se intensificavam. Deteve as mãos espalmadas sobre a região.

Terminado o passe, contemplou o rosto da amiga mais uma vez. As lágrimas correram-lhe pela face. Afastou-se então, emocionada.

Érica acompanhou a cena. Sabia que algo estava sucedendo ali. Orou também, com fervor. Que a criança, ao menos, fosse preservada. Ajeitou o tubo de oxigênio e a cabeça de Jéssica sobre o travesseiro. Ficaria com ela a noite toda se preciso.

Antes que Larissa saísse, segurou-lhe o braço. E falou com expressão grave.

- Ela pediu para lhe deixar esta carta, quando fosse a hora. E a hora é esta. Mas, peço que leia em casa.

No elevador, contrariando o conselho de Érica, Larissa já abria o envelope. Duas folhas escritas à mão. No estacionamento, a céu aberto, leu:

Lári...

Como vê, minha caligrafia está péssima. Estou muito fraca. Sei que não vou durar muito. Quanto ao meu filho, algo me diz que ele sobreviverá. É tudo que mais peço a Deus além do seu perdão.

Peço que aceite esta criança como seu filho legítimo, gerado através de uma barriga solidária. Assim tem me explicado o doutor Renzo.

Quando soube da minha gravidez, Sérgio quis que abortasse. Eu recusei. Pelo menos dessa vez eu teria meu filho. Ele então obrigou-me a ir à clínica do doutor Renzo para dar prosseguimento àquela farsa.

Doutor Renzo, esse homem extraordinário, percebeu logo que eu já estava grávida. E que a inseminação seria apenas uma tentativa de encobrir um relacionamento extraconjugal.

Para não trair a confiança e o respeito de pessoas dignas que procuram os serviços da sua clínica, doutor Renzo preferiu defender a vida, em vez de descartar um único embrião. Assim, verificou as chances de o bebê ser gerado por você mesma.

Outra coisa que aprendi com o doutor Renzo e que agora estou compreendendo melhor após as leituras do Evangelho é que a vida é um bem supremo de Deus. Se um embrião se desenvolve, é porque o hálito do Criador está ali, presidindo o processo de crescimento do bebê. Do contrário, seria apenas um amontoado de células que, ao final, não iria muito além de um natimorto.

Peço que coloque meu nome nas suas orações. Porque, como dizem, as preces do ofendido em favor daquele que cometeu a ofensa são agradáveis a Deus e valem muito. Como vê, ainda sou muito atrasada nas coisas espirituais, mas tenho certeza de que gerar este filho foi alguma coisa de bom que fiz nesta vida.

Agora, outro pedido. O prêmio do seguro de vida, por doença, será depositado na sua conta. Espero que isso cubra parte das despesas de enxoval do menino e também sirva de poupança para, no futuro, custear despesas com os estudos.

Se quiser, pode registrar o filho em seu nome. Para isso assinei termo de autorização na Clínica New Life. O doutor Renzo sabe da minha decisão.

Não posso escrever mais. Estou cansada. Mas acho que já revelei tudo. Eu amei Sérgio, sim. Hoje estou orando por ele como um irmão que se equivocou, tanto quanto eu. Somos ambos necessitados do seu perdão e do perdão de Deus. Não deixe de orar por nós, assim como também orarei por você e nosso filho.

Da sua sempre amiga, Jess.

As duas folhas de papel estavam já encharcadas. Larissa lia e relia. Por fim, para que não se rasgassem, devolveu-as ao envelope e o guardou na bolsa. Entrou no carro e seguiu para casa.

Lucinda já aguardava pela filha. Simba saltava aos braços da sua dona, fazendo a alegria na casa dos pais de Larissa.

– Filha... Diga! Como ela está?

– Deve entrar na sala de cirurgia ainda hoje. A esperança agora é salvar o bebê... - falou Larissa, chorosa, abraçando a mãe.

- Pediremos ajuda dos amigos do Vinha de Luz... Seu pai está chegando lá em alguns minutos. Vamos ficar em sintonia.

Exausta, Larissa recolheu-se ao quarto e deixou-se cair sobre a cama. Em instantes adormeceu. Uma hora depois, o celular fê-la acordar. Érica dava notícias da cirurgia.

- Nasceu! É um menino! - exclamava, com um misto de alegria e tristeza na voz.

- Graças a Deus! Obrigado, meu Pai - suspirou Larissa, aliviada. - E Jéssica?

O silêncio do outro lado já dizia por si só.

- Ainda respira. Mas o quadro não se alterou. Os médicos estão pessimistas. Quanto à criança, terá de permanecer na UTI Neonatal por algumas semanas.

Larissa prometeu vê-los na manhã seguinte, bem cedinho. Os pais também estariam com ela. Mas outra ligação de Érica fez com que os planos mudassem. Jéssica não resistira. Por volta das 23h15, teve uma crise respiratória. Os médicos conseguiram controlar os sinais vitais. Mas por volta de 23h30, Jéssica respirou pela última vez.

O oncologista veio ao encontro de Érica com expressão de desalento.

- Sinto muito. Muito mesmo... Fizemos tudo que deu, mas...

Érica entregou-se ao choro, discreta. Enfermeira, já experimentara dor semelhante quando acompanhou o processo de dona Laura. Agora, a filha também empreendia a mesma viagem sem retorno. Sentia ali profunda dor por ambas...

Vicente e Otávio acompanhavam a distância a movimentação na sala de cirurgia.

- Quem é aquela? - quis saber Otávio, interessado, observando distinta senhora procedendo ao processo de desligamento de Jéssica.

- Como se vê, ninguém está sozinho. Trata-se de Laura, sua mãe na presente existência.

Os enfermeiros conduziam a cama hospitalar, pelo corredor, com o corpo de Jéssica coberto por um lençol. Érica acompanhou-os. Nesse momento, sentiu um arrepio lhe percorrer da cabeça aos pés. A imagem de Laura lhe surgiu nítida diante da visão espiritual. Ela lhe sorria, simpática.

- Dona Laura está remoçada! - exclamou baixinho. - Estou imaginando ou será uma visão?

A imagem desvaneceu. Érica sentiu então suave brisa roçar-lhe o rosto. O perfume de lavanda, que lhe era característico, fez-se sentir mais uma vez. Com certeza, ela viera buscar a filha.

Vicente e Otávio, assistindo a tudo, dirigiam-lhe jatos fluídicos, buscando refazer as energias de Érica, também esgotada. A moça deitou-se no sofá da pequena capela e aguardou a chegada de Larissa. Pensou em Jéssica. Para onde seguiria agora, como espírito livre da matéria?[27]

---

27 Em *O Livro dos Espíritos*, questão 163, Kardec interroga os espíritos: - A alma, deixando o corpo, tem imediata consciência de si mesma? E obtém, como resposta: - Consciência imediata, não é bem o termo. Ela passa algum tempo em estado de perturbação.

XXII

ANTE A CONSCIÊNCIA

NO VINHA DE LUZ, Júlio discorria sobre a imortalidade da alma. Larissa, gestante, acompanhava no salão, ao lado de Breno e Tatiane. Emiliano e Lucinda atuavam nos passes. Sirlene e César dirigiam o trabalho com crianças e jovens.

Estava ansiosa por saber da amiga desencarnada. Valéria poderia trazer alguma informação do mundo espiritual? Embora amparada por espíritos familiares, Jéssica chegara ao Espaço em situação muito precária, ainda que em condições melhores que as de Sérgio. Os abortos praticados pesavam-lhe na consciência e alguns dos espíritos rejeitados estavam ali, como que pedindo satisfação. Um deles acusava-a de assassina!

No entanto, passados cerca de dois meses, recuperava-se em uma estância entre "as muitas moradas da

Casa do Pai". Ao despertar, tivera uma grande alegria. Viu sua mãe, Laura, à cabeceira do leito, sorrindo.

- Mamãe!

- Veja quão infinita é a bondade de Deus - comentou Vicente, ao lado de Otávio. - Ele, em sua misericórdia, permite tamanha consolação para nossas almas. Não será este o momento de agradecer?

Mas Jéssica ainda não estava totalmente refeita. As coisas do mundo arrastavam-na para a Terra. Não conseguia desvencilhar-se das muitas pendências que haviam ficado por resolver. Queria saber do filho. Queria saber...

Laura informou que ele vivia. Estava bem e sob a proteção de corações queridos. Jéssica agitava-se no leito. Queria ver a criança.

- No momento certo você o verá. Por ora, descanse.

Quando Laura se afastava, Jéssica sentia-se outra vez amargurada. De outras vezes, delirava:

- Meu bebê! - gritava, estendendo os braços na direção da criança. Mas o rosto infantil assumia a forma fetal. A criança parecia sofrer, contorcendo-se em expressões de dor. O corpinho buscava esquivar-se de golpes que o alcançavam no ventre materno. Uma cena de horror.

- Não! Não matem meu bebê... Não! - gritou, irrompendo num pranto convulsivo.

Vicente e sua equipe, nesses casos, vinham em socorro, aplicando-lhe passes magnéticos, fazendo com que a paciente adormecesse outra vez.

Nos dias posteriores, uma operação delicada começaria em breve. A jovem recebia também a visita dos espíritos familiares, embora não os percebesse, mergulhada em um mutismo que era, ao mesmo tempo, um processo de alienação.

* * *

ENQUANTO JÉSSICA DEBATIA-SE EM crises de consciência, Larissa assumia também a responsabilidade dos seus atos. Na sua consulta ao doutor Renzo, soubera que o embrião recebido não tinha material genético do esposo. O sêmen utilizado na reprodução *in vitro* viera do frasco EC42322.

Durante o pré-natal, Larissa não tivera interesse em conhecer o sexo da criança. A partir do quinto mês, os exames de ultrassom não deixavam dúvidas. Tratava-se de uma menina, contrariando as suas expectativas. Mas Larissa continuava crendo que seria um menino. Ao mesmo tempo, um pressentimento ruim lhe tomava o íntimo. Não tinha receios em receber o filho de Jéssica. Mas tinha dúvidas se conseguiria amar o próprio filho, "a rapa de tacho", como dizia.

Após uma leitura aprofundada de *O Livro dos Espíritos*, no capítulo que trata do retorno à vida corpórea, Larissa deteve-se na questão 202: "Os espíritos podem escolher o sexo ao reencarnar?" E a resposta era categórica:

Isso pouco lhe importa. O que o guia na escolha são as provas por que haja de passar. (...) Os espíritos encarnam como homens ou como mulheres, porque não têm sexo. Visto que lhes cumpre progredir em tudo, cada sexo, como cada posição social, lhes proporciona provações e deveres especiais e, com isso, ensejo de ganharem experiência. Aquele que só como homem encarnasse só saberia o que sabem os homens.

Recolheu-se ao leito, pensativa. Será tão irrelevante assim? Como entender o desconforto e mesmo a angústia dos que se sentem num corpo anatomicamente estranho, que não corresponde à sua polaridade sexual e psicológica? Qual a razão para tantos casos de transtorno de gênero nos dias de hoje? Eu saberia lidar com um filho homossexual?

Adormecida, Larissa viu-se então na companhia dos seus amigos espirituais e uma pequena assembleia de estudantes.

- Vem conosco. Queremos lhe mostrar algumas coisas - falou Vicente.

- Vejam que agora não estou sozinha. Tenho companhia...

- Pois é sobre seu filho que desejamos falar - observando o duplo cordão prateado que se desprendia de Larissa.[28] - A medicina terrena já mapeou boa parte do genoma humano e é capaz de selecionar o material genético que deverá estar presente nos descendentes do casal.

- A tal eugenia sempre sonhada pelo homem - ponderou a visitante ainda ligada ao corpo físico.

- Esparta, na antiga Grécia, só aceitava os bem-nascidos, que dariam bons soldados para a guerra. Toda criança

28 No espírito encarnado, quando em desdobramento, permanece o liame que o prende ao corpo físico, como se fora um prolongamento do corpo perispiritual. Em geral, é um traço que permite reconhecer, no espaço, os espíritos que ainda estão ligados ao corpo físico.

que apresentasse má-formação era brutalmente assassinada, lançada no desfiladeiro. Nos tempos mais recentes, esse mesmo ideal de raça perfeita foi perseguido pela Alemanha nazista, o que levou à morte milhões de judeus!

- Um pretexto para exterminar e extorquir... - completou Larissa, argumentando: - Mas quem poderia garantir que aqueles corpos perfeitos, na aparência, não traziam doenças escondidas?

- Exatamente. Neste ponto, a ciência materialista tem enfrentado grandes retrocessos. Por ignorar a presença do espírito, reduz o homem ao resultado do patrimônio genético que recebeu dos pais. Por isso mesmo não consegue explicar os prodígios de inteligência que se revelam em famílias humildes. Os virtuoses da música sem qualquer herança genética que o justifique.

- Ou seja... Herança física e herança espiritual. Coisas distintas.

- Ainda assim, um corpo aparentemente perfeito pode carregar as matrizes de uma doença que irá se desenvolver posteriormente. Os genes se expressam, ao longo da existência do indivíduo, seguindo o molde perispiritual fornecido pelo espírito - acrescentou Otávio, também interessado no estudo.

- Isso significa que...

- ... Que a criança que você receberá na Terra ensejará proveitosa experiência para ambas, ainda que dolorosa. É importante que comece, desde já, a compreender os transtornos a que estão submetidos os espíritos que aviltaram o próprio sexo, fazendo dele um instrumento das suas paixões egoísticas.

- Já pressentia que essa reencarnação seria uma prova. Não sei se estou preparada para receber Nakagima na condição de filha.

- Será uma prova difícil, porquanto este espírito vai se sentir totalmente desconfortável no corpo de linda menina, cortejada e admirada, quando desejaria estar num corpo masculino. Ao lado de Daniel, que já se encontra na carne como Arthur, terá apoio e compreensão. Sob orientação segura, à luz do conhecimento espírita, há de superar as vicissitudes e tribulações, além do preconceito.

- A concepção *in vitro*, da forma como ocorreu, teve interferência dos espíritos? - quis saber Larissa.

- Certamente. Desde que você se fez reconhecer como Sadako, atuando sobre o próprio perispírito, Nakagima passou a ser atraído para seu coração, como um prelúdio da sua volta à carne. Com efeito, o material genético masculino não foi sacado a esmo, mas obedeceu a um rastreamento. Naturalmente, contamos também com ajuda do doutor Renzo e seus geneticistas.

- Nesse caso, a prepotência dos médicos terrenos não poderá interferir nos desígnios superiores? Esses biólogos que vasculham o genoma humano, substituindo e alterando genes, a fim de conter enfermidades... Isso poderá atuar na direção contrária para esses espíritos que carregam marcas e lesões congênitas? - contrapôs Larissa, com receio.

Vicente respondeu, prontamente:

- É da lei de progresso que o homem aprenda a evitar, controlar e combater os vírus e bactérias que são nefastos à saúde humana. O combate a epidemias, como a síndrome da imunodeficiência adquirida, a aids, é um exemplo do quanto se desenvolveram as políticas de saúde pública e a produção de vacinas. O mesmo se pode dizer de outras doenças graves, na História, como a peste negra, a lepra, a sífilis ou a tuberculose, que serviram de alavanca para a descoberta de remédios e mesmo dos antibióticos... Desde quando foram descobertos o éter, o clorofórmio e outros fármacos, como também os analgésicos, inúmeros sofrimentos consideráveis foram abrandados expressivamente, assim como o concurso das cirurgias e microcirurgias, que facultaram melhores meios para continuar no corpo sem as injunções penosas e deformadoras que eram habituais.

O benfeitor e instrutor espiritual, observando o interesse do grupo que o acompanhava, continuou.

- Certamente, ainda há muito para fazer nessa área, e, por isso mesmo, os avanços tecnológicos não cessam, surgindo, a cada dia, mais amplos e abençoados recursos terapêuticos. Mas para cada epidemia ou doença debelada, uma nova se apresenta, com configurações mais complexas, fazendo dos desafios humanos uma jornada interminável, até que as enfermidades estejam erradicadas de forma definitiva.

- No caso de Nakagima, esta seleção genética não estará impedindo que nele se cumpra o processo educativo ao qual estão sujeitas as criaturas que abusaram do sexo e do poder temporário para subjugar e humilhar? - obtemperou Otávio.

- Quem pode prever a taça de sofrimentos que lhe

está reservada na Terra? O renascimento, agora recebido no colo de antiga vítima, serve-lhe de redentora oportunidade para a reabilitação moral.

E dirigindo-se a Larissa, completou o benfeitor:

- E quanto a você, minha filha, tem igualmente a chance de reabilitar-se.

Larissa silenciou. Naquela noite em que a lei era cumprida mais uma vez, ao longe as estrelas emitiam pequenos sorrisos através do seu apaga-e-acende, enquanto os raios do luar abraçavam aquela região do planeta como a uma filha muito querida. O amor ausente havia retornado.

Nesse momento, um choro irrompe no silêncio da noite. Larissa desperta. É Arthur chorando. Vai ao quarto das crianças e faz um carinho no menino. Ajeita-lhe a chupeta, e ele volta a dormir. Ao mesmo tempo, uma garotinha apressada dá pequenos chutes dentro da barriga da mãe.

- Com certeza será jogadora de futebol ou coisa do tipo - pensou Larissa, sem suspeitar que estava chegando bem perto.

XXIII

IRENE MIYASHIRO

DESDE QUE ARTHUR CHEGARA à casa, após três semanas no Neonatal do Hospital Vera Cruz, a vida se renovara no seio familiar. Larissa sabia que aquela criança seria especial. Gente do banco queria conhecer o filho de "Jéssica e Larissa", como diziam os amigos. O quarto do menino, com decorações no tom azul, estava abarrotado de presentes. Breno e Tatiane paparicavam a criança e já falavam em levá-la com eles.

– Como explicar tanto carinho pelo Arthurzinho? – perguntava Larissa, intrigada. – Ah... Laços de família!

Além do bercinho com o nome do Arthur, outro berço, com decorações e detalhes no tom rosa, também estava pronto, à espera do segundo bebê.

– Arthur vai gostar de ter uma irmãzinha aqui. Acho que você não dará conta de dois – brincou Larissa, enquanto Érica dava mamadeira ao menino.

- Quem disse que não vou ter ajuda? Sua mãe está ansiosa para cuidar da menina. - retrucou a amiga.

Olhando para o rosto do pequeno, Larissa sentiu o peito apertar.

- Meu Deus! Dê-me forças!

Junho abria uma nova temporada de inverno, de noites estreladas, trazendo esperanças novas ao grupo familiar. Larissa dava entrada no Hospital e Maternidade Vera Cruz. Apesar das contrações, que já haviam começado, ganharia seu bebê no dia 4 de agosto, através de cesárea.

Lucinda e Érica acompanhavam a gestante, que não escondia o nervosismo.

- Estou ansiosa para ver o rostinho dela. Afinal, não sabemos quem é o pai da criança! - brincou Larissa, tentando disfarçar a ansiedade. - Mas o nome será mesmo Irene. Pelo menos foi o mais votado...

- Que venha Irene. E nós a amaremos do jeito que vier - repostou Lucinda, infundindo confiança no coração da filha. - Será amada tanto quanto amamos seu irmãozinho Arthur.

Enquanto isso, Emiliano e a neta Sirlene, acompanhada de César, seu namorado, dirigiam-se ao Vinha de Luz. Nas vibrações da noite, pediriam em favor daquele espírito que estava de retorno à Terra, a fim de que se sentisse amparado e acolhido no lar terreno. Em alguns anos, queriam contar com Arthur e Irene na evangelização.

Pessoas iam tomando assento no grande salão, que já estava quase repleto. Na orientação para o serviço do passe, Emiliano reconhece, sentados ao fundo, as figuras de Alexandre e seu filho Rodolfo. Vai ao encontro deles, entre feliz e surpreso.

- Salve! Que bom ver vocês!

Rodolfo levantou-se e abraçou Emiliano, discretamente, evitando tumultuar a sessão pública prestes a iniciar. O mesmo fez Alexandre, discreto.

- Como anda o processo?

- Graças a Deus, o caso foi arquivado - falou Rodolfo, expressando certo alívio. - Para isso, papai prestou depoimento nesta manhã ao doutor Cherubini.

- Conversaremos mais depois - retornou Emiliano, ao perceber que Valéria se preparava para a prece de abertura dos trabalhos.

Momentos depois, Júlio assumia a tribuna para expor o tema da noite - Fora da caridade não há salvação.

- O espiritismo não arroga para si a porta da salvação, tampouco despreza as demais crenças. "Todas as religiões são boas, contanto que façam os homens melhores do que eram", assinalou Allan Kardec. Por isso mesmo, o ínclito codificador afirmou que "Fora da caridade não há salvação", querendo assim demonstrar que não será o rótulo religioso que definirá o bom cristão, mas sim as suas obras...

As palavras de Júlio eram absorvidas com interesse, especialmente por Alexandre e Rodolfo.

- Irmã da fé e da esperança, a caridade forma, ao lado delas, uma trindade inseparável. Mas das três virtudes, a mais excelente é a caridade - continuou o expositor, citando mensagem do apóstolo Paulo, inserida no capítulo XV de *O Evangelho segundo o Espiritismo*.

A palestra caminhava para o seu término, quando Sirlene sorriu para o avô, fazendo sinal, da outra extremidade do salão. Pelo gesto e leitura labial, Emiliano traduziu como: "Nasceu!"

Com efeito, a partir daquele momento, Irene já era contada entre os habitantes do Planeta.

A alegria de Emiliano foi transmitida aos amigos do Vinha de Luz. Inspirado, Júlio encerrava a prédica com sentida prece de agradecimento.

À saída, Emiliano esperava por Alexandre e Rodolfo. Convidou-os a almoçar com a família, no domingo próximo.

Gentil, Rodolfo declinou do convite, justificando que seu pai continuava em tratamento. Mas prometia visitar a família, em outra oportunidade, já que passara a residir na Capital e pretendia frequentar o Vinha de Luz, juntamente com aquela que agora tinha por esposa.

Nesse instante, Emiliano puxou Rodolfo pelo braço e perguntou-lhe reservadamente:

- Qual foi a conclusão do inquérito?

- Um dos autos que instruiu o processo, baseado nas imagens da câmera instalada no sexto andar, aponta que a vítima teve um surto alucinatório. Correu para os elevadores como se perseguida por um fantasma. No desespero, acabou caindo no poço do elevador de serviço, que se achava em manutenção.

- Fantasma?

- A câmera não mostrou nada de sobrenatural. Mas alguns moradores do edifício dizem ter visto um vulto circulando pelo prédio, usando botas, uma longa capa, chapéu e espada.

- E então...?

- Naturalmente, já tiramos todas aquelas coisas que meu pai mantinha no apartamento - falou Rodolfo, com um riso enigmático.

* * *

NESSE ÍNTERIM, NA MATERNIDADE Vera Cruz, Larissa já estava no quarto de hospital, em recuperação, acompanhada pela mãe. Aguardava, ansiosa, que a enfermeira lhe trouxesse a criança. Até então, sob efeito dos anestésicos, não pudera ver direito a sua menina. Apenas tinha-lhe ouvido o choro estridente.

Minutos depois, a porta do quarto se abre e Érica entra com o bebê nos braços e largo sorriso nos lábios.

- Tome sua filha! - diz a moça, curvando-se diante de Larissa.

Enrolada em fraldas, como se fosse um charuto, a menina dormia o sono dos anjos. Larissa contemplou seus olhinhos puxados. Aquele rostinho miúdo, de tez amarelada, era adornado por farta cabeleira negra. Irene misturava traços orientais!

- Meu Deus... Exatamente como no sonho! - exclamou Larissa, com os olhos marejados. Acomodou a criança junto ao peito e agradeceu ao Criador por tamanha bênção.

Lucinda, vovó mais uma vez, debruçou-se sobre elas, depositando um beijo na face de Larissa e da netinha. Momentos depois, o cirurgião passava no quarto para cumprimentar a família, acompanhado do doutor. Renzo.

- Dizem que na New Life nós brincamos de Deus. Não digo que brincamos de Deus, mas que estamos colaborando na Grande Oficina da Criação - falou o médico, erguendo o bebê nos braços. Em seguida recolocou a criança ao lado da mãe.

Larissa também não escondia a emoção e certa curiosidade.

- Não vai dizer nada sobre o pai de Irene?

O médico riu, fazendo suspense. Depois, assumindo expressão séria, falou:

- O pai é Naoto Miyashiro, um cliente da New Life. Ele coletou material genético na esperança de ser pai, mas a esposa não conseguiu produzir óvulos saudáveis e veio a falecer antes que completasse o tratamento. Naoto decidiu retornar ao Japão e, antes de partir, disse que ficaria feliz se o seu sêmen pudesse realizar o sonho de algum casal, sonho que ele mesmo não lograra realizar.

Larissa apertou a criança nos braços.

- Se um dia falar com ele, diga-lhe que somos gratos por esse gesto. E que poderá conhecer sua filha brasileira, gerada através... Como podemos chamar, doutor? Paternidade solidária?

O médico riu, aprovando a expressão. As mulheres também acharam graça.

Renzo aproveitou o ensejo para dar outras informações.

- Quando Jéssica nos procurou, percebi que estava

grávida. E também um pouco deprimida. Deixei que desabafasse. Prometi acompanhar o seu pré-natal. E que não precisaria entregar o seu filho a ninguém. De minha parte, não poderia trair o código de ética e o juramento em defesa da vida. Descartar um embrião seria, isso sim, brincar com as coisas sagradas! Ademais, eu não poderia desapontar Larissa nem meu amigo Naoto. Eles confiaram em mim. E o resultado disso aí está.... - concluiu, apontando o bebê que dormia, tranquilo, nos braços maternos.

* * *

PASSADOS SEIS ANOS, VAMOS encontrar a família reunida numa chácara encantadora, que fora do tio Floriano. Como não tivesse filhos, ao morrer, deixara a propriedade ao seu afilhado Breno, o primeiro sobrinho.

Em torno da grande mesa, antes que o almoço fosse servido, Emiliano e Lucinda, ao lado de Júlio e Valéria, convidam o grupo para uma prece. Mas é Larissa quem pede a palavra, apoiada pelo companheiro Marcos:

- Ah! Se eu pudesse voltar no tempo e recomeçar tudo outra vez. Talvez não cometesse tantos erros. Talvez tivesse poupado dor e sofrimento a muitos corações. Não fosse tão rebelde, tão impermeável aos bons conselhos...

"Arrastada pelos caprichos, pela cupidez e vaidade, deixei-me seduzir pelas paixões do mundo, colocando a família em segundo plano. Pus em risco a própria vida, julgando-me a pessoa mais infeliz na face da Terra.

"Como me disse certa vez o doutor Fábio, eu era feliz

e não sabia. Foi preciso que voltasse a ser mãe outra vez para que compreendesse a beleza da vida, o tesouro que já tinha nas mãos...

"A felicidade no mundo não é total, absoluta - tem me ensinado a querida amiga Valéria - porquanto este é um mundo de provas e expiações. Mas a felicidade plena, aquela que Jesus nos reserva no seu reino, é construída todos os dias, na medida em que nos doamos ao semelhante.

"Agradeço ao meu paizinho Emiliano e à minha mãezinha Lucinda, pela paciência que tiveram comigo, por me tolerarem os erros e defeitos. Também sou grata a todos vocês, familiares e amigos, pelas experiências alegres ou tristes que dividimos juntos...

"Rogo a Deus que me dê muitos anos na Terra, a fim de que eu possa compensar as faltas cometidas, trabalhando pelo bem de todos. Que Jesus nos fortaleça!"

* * *

AS CRIANÇAS CORREM PELO gramado, sob os olhares atentos dos adultos. No meio delas, duas mais crescidinhas chamam a atenção: Arthur adora montar o pônei que ganhou do tio Breno. Irene, por sua vez, prefere as brincadeiras mais tradicionais. Dá saltos mortais. Pendura-se em barras e simula golpes da arte marcial.

Vicente acompanha a cena do outro lado da Vida, na companhia de Otávio e agora também de uma estagiária interessada.

- Eu gostaria muito de acompanhar cada passo deles - diz Jéssica, emocionada.

- Seu trabalho só está começando. Na clínica do doutor Renzo há muitas mulheres tentando realizar o sonho da maternidade.

- Ah... Se eu puder ajudar esses casais, ficarei muito grata a Deus. Mais do que isso, quero trabalhar também para que o aborto seja erradicado da face da Terra.

Nesse instante, Arthur pega na mão de Irene e juntos caminham para perto de Larissa. O menino então aponta na direção de Jéssica, como se a visse na dimensão espiritual:

- Ela quer brincar com a gente...

Larissa nada vê, mas sente um roçar nos cabelos, como se uma brisa leve passasse por ela.

- Por que não? Convidem a mãezinha Jéssica para brincar.

FIM

VOCÊ PRECISA CONHECER

Peça e receba – o Universo conspira a seu favor
José Lázaro Boberg
Autoajuda • 16x22,5 cm • 248 pp.

José Lázaro Boberg reflete sobre a força do pensamento, com base nos estudos desenvolvidos pelos físicos quânticos, que trouxeram um volume extraordinário de ensinamentos a respeito da capacidade que cada ser tem de construir sua própria vida, amparando-se nas Leis do Universo.

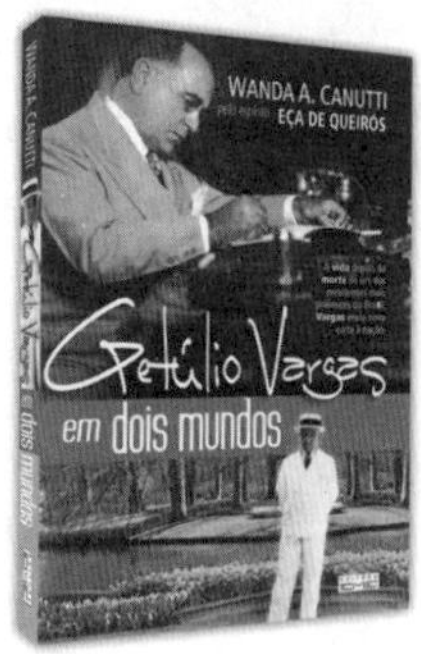

Getúlio Vargas em dois mundos
Wanda A. Canutti / Eça de Queirós (espírito)
Romance mediúnico • 16x22,5 • 344pp.

Getúlio Vargas realmente suicidou-se? Como foi sua recepção no mundo espiritual? Qual o conteúdo da nova carta à nação, escrita após sua desencarnação? Saiba as respostas para estas e outras perguntas, agora em uma nova edição, com nova capa, novo formato e novo projeto gráfico.

A vingança do judeu
Vera Kryzhanovskaia / J. W. Rochester (espírito)
Romance mediúnico • 16x22,5 • 424 pp.

O clássico romance de Rochester agora pela EME, com nova tradução, retrata em cativante história de amor e ódio, os terríveis fatos causados pelos preconceitos de raça, classe social e fortuna e mostra ao leitor a influência benéfica exercida pelo espiritismo sobre a sociedade.

Não encontrando os livros da EME na livraria de sua preferência, solicite o endereço de nosso distribuidor mais próximo de você através de
Fones: (19) 3491-7000 / 3491-5449
(claro) 99317-2800 (vivo) 99983-2575
E-mail: vendas@editoraeme.com.br – Site: www.editoraeme.com.br